FLORA ALVES
AUTORA DO BEST-SELLER GAMIFICATION

DESIGN ~~INSTRUCIONAL~~ DE APRENDIZAGEM
COM USO DE CANVAS

TRAHENTEM®

DVS EDITORA

FLORA ALVES
AUTORA DO BEST-SELLER GAMIFICATION

www.dvseditora.com.br
São Paulo. 2016

Copyright© DVS Editora 2016
Todos os direitos para o território brasileiro reservados pela editora.

Nenhuma parte deste livro poderá ser reproduzida, armazenada em sistema de recuperação, ou transmitida por qualquer meio, seja na forma eletrônica, mecânica, fotocopiada, gravada ou qualquer outra, sem a autorização por escrito do autor.

Capa: Grasiela Gonzaga / Spazio Publicidade e Propaganda
Design do Canvas: Kênia Souto
Diagramação: Konsept Design & Projetos

```
Dados Internacionais de Catalogação na Publicação (CIP)
       (Câmara Brasileira do Livro, SP, Brasil)

    Alves, Flora
         Design de aprendizagem com uso de canvas :
    Trahentem / Flora Alves. -- São Paulo :
    DVS Editora, 2016.

         Bibliografia
         ISBN 978-85-8289-137-7

         1. Aprendizagem 2. Design - Estado e ensino
    3. Design instrucional 4. Educação I. Título.

16-07300                                    CDD-371.3
            Índices para catálogo sistemático:

    1. Design : Metodologia Trahentem : Educação
       371.3
```

"Na história da humanidade, prevaleceram aqueles que aprenderam a colaborar e improvisar de maneira mais eficiente".

(CHARLES DARWIN)

TRAHENTEM

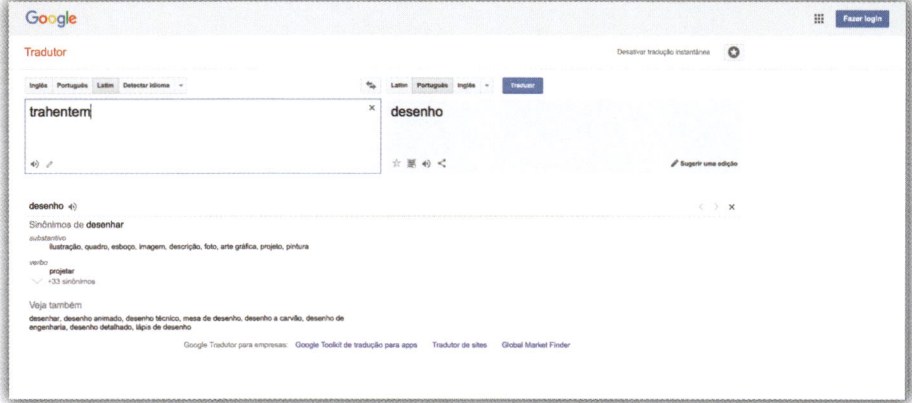

"Nas páginas de nossas vidas desenhamos nossas histórias. Os estilos variam, os traços e as cores também. Ainda assim somos todos verdadeiros artistas".

(Flora Alves)

SUMÁRIO

TRAHENTEM	VII
DEDICATÓRIA	XIII
AGRADECIMENTOS	XV
RECONHECIMENTO	XVII
PREFÁCIO	XIX

TEORIA COLOCADA EM PRÁTICA 1

ERA UMA VEZ OU "COMO NASCE UMA METODOLOGIA" 5
    Mantenha a mente aberta e acredite: há sempre algo a aprender 6
    A cola do conhecimento 7
    O grande e real desafio: ajudar o outro a aprender 8
    Ferramentas 9

PARA LER ESTE LIVRO 15
    É bom você saber 16

ALINHANDO CONCEITOS 21
    Desafio 22
    Design o quê? 24
    Design Instrucional 25
    Mas o que é aprender? 26
    As ciências da aprendizagem e o contexto 27
        Andragogia 28
        Heutagogia 28

Design Instrucional de Aprendizagem 30
Design de Aprendizagem, uma definição 31
Sistemas de Design Instrucional de Aprendizagem 31
Canvas ou hora de desfazer a confusão! 32
O ciclo das soluções de Aprendizagem 33

A METODOLOGIA TRAHENTEM® PARA O DESIGN DE APRENDIZAGEM COM USO DE CANVAS E O DESIGN THINKING 39

O que a abordagem Trahentem® trouxe do Design Thinking 40
As Etapas do Design Thinking e a Metodologia Trahentem® 41

PREMISSAS DA METODOLOGIA TRAHENTEM® REVISITANDO ASPECTOS BÁSICOS IMPORTANTES 47

Quando uma solução de aprendizagem é necessária 47
Como esta análise influencia o seu trabalho como Designer de Aprendizagem 49

A METODOLOGIA TRAHENTEM® PARA O DESIGN DE APRENDIZAGEM COM USO DE CANVAS 53

O que é a Metodologia Trahentem® para o
Design de Aprendizagem com uso de Canvas 54

Para que serve a Metodologia Trahentem® para o
Design de Aprendizagem com uso de Canvas 54

Como funciona a Metodologia Trahentem® para o
Design de Aprendizagem com uso de Canvas 55

As sete características da Metodologia Trahentem® 55
O que compõe esta ferramenta 57
O Trahentem® DI-Empatia e o processo de Diagnóstico 58
O Trahentem® DI-Tarefas e a seleção de conteúdos para
a sua solução de aprendizagem 65
O Trahentem® DI-ROPES e a criação dos módulos de treinamento 71

A FERRAMENTA NA PRÁTICA 87

Materiais que você vai precisar 88
Preparando o cenário 89
As características da ferramenta guiam sua utilização e
estabelecem as melhores práticas 89

Dicas 92
Modelo baseado em case 92
    Diagnóstico com Canvas DI-Empatia: conectando a
    análise organizacional à análise do indivíduo 96
    Seleção de conteúdos com Canvas DI-Tarefas:
    fazendo a seleção dos conteúdos essenciais 101
    DI-ROPES: Desenhando os módulos de uma solução de aprendizagem
    centrada nos participantes e em sua performance com o uso de Canvas 103

ESCOLHENDO METODOLOGIAS INSTRUCIONAIS 111

COISAS QUE VOCÊ VAI GOSTAR DE SABER 121

Não é necessário seguir uma ordem ou utilizar os três modelos de Canvas 121
Liberdade para criar 122
Presencialmente ou colaborando a distância – Com ou sem o uso de tecnologia 122
É necessário ser um Designer Instrucional de Aprendizagem
experiente para usar a metodologia? 123
Fazer o Design de Aprendizagem é um assunto muito sério 124

CONTRIBUIÇÕES DE QUEM JÁ UTILIZA A METODOLOGIA TRAHENTEM® PARA O DESIGN DE APRENDIZAGEM COM USO DE CANVAS 129

Adilson Marcos de Oliveira Júnior – Unimed Londrina 131
Adriano Jesus – Assurant Seguradora S/A 133
Bruna Pullig 135
Cynthia Lanza – SG – Aprendizagem Corporativa Desenhada sob Medida 136
Daniele Monteiro – Assurant Seguradora S/A 140
Leticia Tojer – FAZESP – Escola Fazendária do Estado de São Paulo 142
Luciana Lessa Soares – Viação Águia Branca S/A 144
Michele Arnaud – GVT 146
Ronaldo Pontes Moura 148
Thays Araújo 150

GALERIA DOS CAMPEÕES 155

TERMINAMOS. E AGORA? 157

BIBLIOGRAFIA 161

DEDICATÓRIA

Este livro é dedicado com todo o meu amor, carinho e admiração, a você Sergio Guerra, o maior merecedor de todos os méritos. Você é verdadeiramente um especialista na criação de condições para que aqueles que estão ao seu redor se desenvolvam, se realizem e façam o seu melhor. Você é a tradução mais sublime do que é ser **humano**.

Ele é também especialmente dedicado a duas "jovens grandes mulheres" que me inspiram e orgulham. Gabriela Queiroz Miranda e Mariana Queiroz Miranda, vocês me fazem ter fé no futuro e acreditar, cada vez mais, na força transformadora da educação. Amo vocês com todo o meu coração e toda a minha alma. Desejo a vocês duas o melhor que a vida pode oferecer para todo o sempre. Que vocês tenham sede de aprender sempre mais, mantendo assim a mente aberta, o olhar curioso e o espírito sempre jovem para que possam crescer ainda mais a cada dia.

AGRADECIMENTOS

A você, Ana Carolina Spolidoro Queiroz, e a você, Jedey Alves Miranda Junior, minha gratidão eterna por terem me proporcionado muito mais do que o espaço físico acolhedor para começar a escrever esta obra. Agradeço imensamente por terem me dado de presente o maior tesouro que eu poderia desejar, que é estar ao lado de vocês, a minha família. Os dias com vocês foram inesquecíveis, plenos e repletos de alegria. Amo vocês e os admiro como exemplos a serem seguidos, obrigada!

    Que nossos laços sejam sempre fortalecidos e possamos estar sempre juntos para celebrar a vida.

RECONHECIMENTO

Acredito fortemente que a vida nos leva a determinados lugares para encontrarmos pessoas. E assim foi o encontro que tive com cada uma das pessoas que contribuiu generosa e carinhosamente para um capítulo deste livro.

Não é possível voarmos sozinhos, somos um pouco de cada um que cruza o nosso caminho. No capítulo de contribuições, escrito a muitas mãos por profissionais unidos por seus desafios e objetivos, cada um compartilha suas experiências com a ferramenta ou com uma adaptação dela à sua realidade. Foi com muita felicidade também que entre as contribuições recebi um case de sucesso de implementação, baseado no conhecimento adquirido com o meu primeiro livro que se propõe a ser um guia sobre Gamification, do conceito à prática. Como é bom saber que nossas ideias contribuem para a construção de conhecimento e prática.

Minha gratidão eterna a cada um de vocês, meus amigos e parceiros de estrada.

Adilson Marcos de Oliveira Júnior, da Unimed Londrina, que já está compartilhando este aprendizado com outros colegas. Adriano Jesus, da Assurant Seguradora S/A, que com sua proatividade desenhou o Canvas à mão e inspirou-se para criar. Bruna Pullig, mente inquieta e presença enriquecedora em cada workshop. Cynthia Lanza, que tenho hoje o prazer de ver desabrochar na SG Aprendizagem Corporativa Desenhada sob Medida. Daniele Monteiro, companheira de jornada e profissional competente que nos ilumina com o seu sorriso. Leticia Tojer, exemplo de como fazer acontecer, da FAZESP

– Escola Fazendária do Estado de São Paulo. Luciana Lessa Soares, da Viação Águia Branca S/A, que me proporcionou a alegria de ver a tradução do meu primeiro livro em uma solução de aprendizagem sensacional. Michele Arnaud, da GVT, que nos brinda com sua competência e doçura. Ronaldo Pontes Moura, que de maneira criativa e encantadora conectou a ferramenta ao Coaching. Thays Araújo, você é um exemplo de engajamento e protagonismo no processo de aprendizagem a ser seguido.

Injusto seria encerrar este reconhecimento sem destacar meus editores, profissionais admiráveis e parceiros incríveis sempre abertos a novas ideias, a equipe da SG Aprendizagem Corporativa Desenhada sob Medida e a todos aqueles que doaram um pedacinho de si para que eu me construísse a cada dia.

PREFÁCIO

O verbo aprender ganha um significado especial neste livro. É ele mesmo um exemplo da prática do que se pretende ensinar. Quem conhece a autora, Flora Alves, não fica surpreso, afinal trata-se de uma pessoa que reúne competências especialíssimas. Para nossa sorte, o seu amplo conhecimento sobre educação e aprendizagem está mais uma vez ao alcance do grande público.

A metodologia Trahentem® para o Design de Aprendizagem com uso de Canvas, aqui descrita e detalhada pela autora, não apenas é útil para profissionais que atuam na área de Recursos Humanos e Treinamento. É também valiosa para gestores, administradores, consultores e profissionais de todas as áreas. Aliás, o leitor poderá comprovar essa afirmativa nos vários depoimentos e contribuições no capítulo final do livro.

A leveza e a simplicidade na abordagem dos temas valorizam ainda mais o seu conteúdo, facilitando a assimilação dos conceitos e de todos os aspectos que envolvem a ferramenta.

Como profissional de Recursos Humanos, fico muito feliz em compartilhar com você, leitor, essa prazerosa leitura.

É também importante destacar que cabe às empresas, por meio de seus profissionais, a responsabilidade de desenvolver e estimular o desenvolvimento contínuo de seus colaboradores, promovendo oportunidades democráticas de evolução e abrindo perspectivas de uma carreira promissora.

Sem dúvida, a ferramenta apresentada pela Flora Alves colabora para esse objetivo e é uma contribuição altamente relevante para a qualidade do ensino-aprendizagem, especialmente na educação corporativa.

Glaucimar Peticov
*Diretora de Recursos
Humanos do Bradesco*

TEORIA COLOCADA EM PRÁTICA

Diz o ditado que, na prática, a teoria é outra. Por acreditar que teoria e prática devem andar juntas para que haja consistência e credibilidade, faço sempre o meu melhor para derrubar este mito. Foi assim que a metodologia Trahentem® para o Design de Aprendizagem com uso de Canvas nasceu. Entre tantas definições, prática significa "aplicação das regras ou princípios de uma arte ou ciência",[1] e colocar em prática quer dizer executar, realizar.

Esta metodologia foi criada para ajudar Designers Instrucionais, experientes ou iniciantes, a colocarem em prática aquilo que sabem que é essencial, mas encontram dificuldade para praticar, e, assim, para que possam ajudar os outros a aprender.

O método Trahentem® para o Design de Aprendizagem com uso de Canvas não despreza nem deixa de lado nada do que é essencial para que uma solução de aprendizagem[2] cumpra seus objetivos, ele apenas nos oferece um caminho ágil e seguro para executarmos nosso trabalho na vida real, ou seja, para que possamos fazer com que a prática considere toda a teoria necessária para o sucesso.

---

[1] http://michaelis.uol.com.br/moderno/portugues/index.php?lingua=portugues-portugues&palavra=pr%E1tica
[2] Falo em soluções de aprendizagem para que você imagine a sua abrangência. É muito mais que treinamento. Esta é uma maneira de manter a nossa mente aberta para soluções diversificadas, criativas e aderentes ao público e sua necessidade.

CAPÍTULO 1

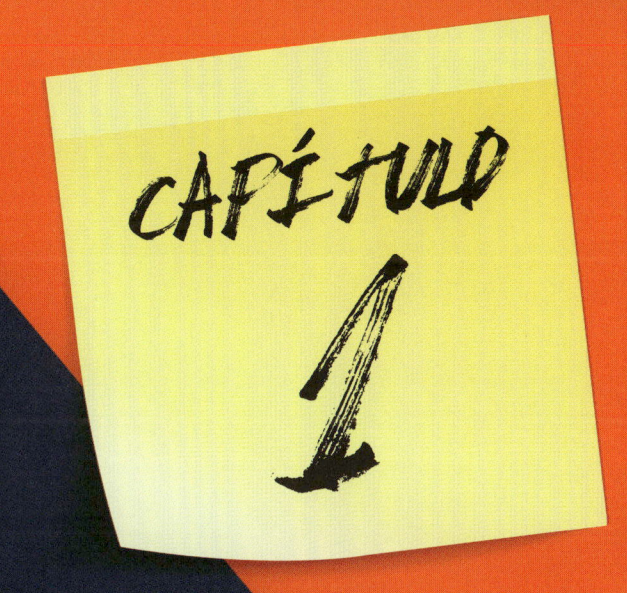

ERA UMA VEZ OU "COMO NASCE UMA METODOLOGIA"

ERA UMA VEZ OU "COMO NASCE UMA METODOLOGIA"

Enquanto alguns têm uma visão poética sobre o surgimento de novos estudos e ferramentas, outros acreditam que tais achados são restritos àqueles que dedicam suas vidas a estudos acadêmicos e laboratórios. No caso do nascimento desta metodologia, foi a combinação dos dois!

Minha experiência pessoal também tem me mostrado que desafios profissionais, dificuldades e crises, podem ser grandes aliados e até mesmo molas propulsoras de grandes descobertas e inovações.

Vou resumir como nasceu esta metodologia e espero te insPIRAR para que você seja sempre uma combinação entre um eterno aprendiz, uma criança curiosa e um profissional comprometido. Assim, em um futuro breve, serei eu a ler o livro assinado por você.

MANTENHA A MENTE ABERTA E ACREDITE: HÁ SEMPRE ALGO A APRENDER

Era uma vez uma pessoa que tinha a seguinte premissa: mesmo quando parece ruim, existe algo de bom em um evento de aprendizagem... Esta sou eu e esta afirmação é, para mim, uma grande certeza. Foi essa crença que me conduziu por caminhos que permitiram o nascimento da metodologia Trahentem® para o Design de Aprendizagem com uso de Canvas.

No Brasil, e também em alguns outros países, os profissionais que trabalham com o desenvolvimento e facilitação de soluções de aprendizagem são provenientes de formações acadêmicas diversificadas. Assim, ao escolhermos abraçar o desenvolvimento de pessoas e organizações por meio de processos de ensino-aprendizagem, precisamos investir tempo e energia no aprimoramento de nossos conhecimentos e competências.

Comigo não foi diferente. Nos últimos quinze anos de minha carreira, como sócia de uma consultoria de aprendizagem corporativa desenhada sob medida, tenho dedicado muito do meu tempo à pesquisa e desenvolvimento. Este processo inclui, de maneira mais intensiva nos últimos cinco anos, a minha participação em congressos e eventos internacionais, principalmente nos Estados Unidos e Europa. Hoje, após ter criado este método, que tem ajudado profissionais da minha empresa e de outras na execução de seu trabalho com excelência, posso dizer a você que valeu cada segundo e cada centavo investido, mas as coisas não aconteceram da noite para o dia.

"Só sei que nada sei[3]" e, assim, quanto mais aprendo, mais tenho a aprender. Foi com este pensamento, ou mind set, que fui designada Master Trainer pela ATD (Associação [Americana] para o

---
3 Dizer muito conhecido que é derivado da narrativa de Platão sobre o filósofo Sócrates.

Desenvolvimento de Talentos) no Brasil, e pela mesma associação me tornei também Designer Instrucional. Sim, eu já era experiente e trabalhava com treinamentos há mais de vinte anos, mas queria elevar o patamar de minha atuação para outros níveis e por isso busquei certificações e outros aprendizados. Não parei e não vou parar. Continuarei assim, buscando incansavelmente a melhoria de minhas competências e, consequentemente, do meu trabalho.

Movida pelo mesmo propósito obtive minha certificação em BMG Business Model Generation e Inovação em Modelos de Negócios com Alex Osterwalder, em Zurique, na Suíça, entre outras certificações e cursos menos relevantes para o nascimento da metodologia Trahentem® para o Design de Aprendizagem com uso de Canvas.

Este trânsito intenso entre grupos de nacionalidades e objetivos diversificados me trouxe um convite para participar do Business Design Summit, o qual acontece em Berlim, e lá fui eu para aquele que seria, além de inesquecível, um evento determinante (embora eu na época não soubesse disso) para o nascimento da minha própria metodologia.

O Summit, em Berlim, me trouxe ideias, novos amigos, reencontro com amigos conquistados em eventos anteriores, experiências magníficas e também muitas interrogações. Eventualmente, eu me perguntava: "onde isso se encaixa?". E confesso que muitas coisas (embora evidentemente fantásticas) não cabiam no meu contexto naquele momento, mas mesmo assim me intrigavam e me encantavam, pois de alguma maneira eu sabia: tudo iria se encaixar quando chegasse a hora. Segui absorvendo cada gota e organizando os aprendizados de modo a recuperá-los quando fosse necessário.

A COLA DO CONHECIMENTO

Manter a mente aberta foi fundamental para aprender muitas coisas que fizeram sentido no momento certo, e foi justamente isso que aconteceu. Tenho plena convicção de que não foi simplesmente um insight, e sim um encadeamento lógico de conhecimentos que trouxeram à luz a Metodologia Trahentem® para o Design de Aprendizagem com uso de Canvas.

Os desafios reais funcionaram como um catalisador, e a sensação que tive foi a de que todos os conhecimentos adquiridos ao longo do tempo foram se movimentando, se acomodando e colando uns aos outros, para montar um verdadeiro mapa que permitiria que Designers Instrucionais e consultores, com diferentes níveis de experiência profissional, fossem capazes de criar soluções de aprendizagem eficazes de maneira prática e ágil, sem, no entanto, deixar de lado tudo o que é necessário para um Design centrado no ser humano, no participante, e em sua performance.

O GRANDE E REAL DESAFIO: AJUDAR O OUTRO A APRENDER

Sou sócia de uma empresa de Aprendizagem Corporativa Desenhada sob Medida e isso significa cuidado e customização. Nosso DNA é o atendimento singular de cada cliente e de cada demanda, e o desafio que desencadeou o lançamento desta metodologia foi o crescimento de nossa equipe de Designers Instrucionais.

A equipe crescia rapidamente enquanto eu observava a dificuldade que estes profissionais tinham para o desenvolvimento de soluções de aprendizagem eficazes, de maneira ágil e alinhada aos objetivos dos negócios de nossos clientes. Entre esses profissionais, tínhamos aqueles mais experientes, bem como pessoas com menos experiência. Entretanto, a prática do Design na vida real, com briefings que nem sempre chegam completos, a falta de especificidade nos objetivos instrucionais e a pressão do tempo, faziam com que o trabalho se tornasse improdutivo e muitas vezes até bagunçado. Isso sem mencionar que a maioria continuava começando pela forma e não pela essência do que era necessário para que os treinandos executassem suas tarefas.

Note que em momento algum estou dizendo que os profissionais não eram competentes ou não tinham conhecimento do que devia ser feito, mas parecia pairar no ar a crença de que "na prática, a teoria é outra". Sejamos honestos, não existe cenário ideal. Na grande maioria das vezes em que uma intervenção de treinamento é necessária, temos o tempo nos pressionando por motivos que variam desde o lançamento de um produto até a contratação de novas pessoas que precisam performar com rapidez.

Eu tenho certeza de que você mesmo, em algum momento, já se viu na frente do computador, com uma pilha de livros de conteúdos diversificados, lutando para criar um treinamento cuja demanda estabelecia como objetivo algo mais ou menos assim: "Enfatizar a importância da atitude dos vendedores para o sucesso comercial..." ou então: "Sensibilizar os participantes para a importância de comportamentos cooperativos para o alcance de resultados". Por onde começar? O que medir? Que conteúdos abordar, e como?

Sabendo disso, eu tinha que ajudar a minha equipe na transferência do conhecimento para a prática sem que houvesse prejuízo de nenhuma das etapas do processo de um Design centrado no participante e em sua performance. Assim, comecei a criar e adaptar templates, processos, formulários e tabelas que pudessem ajudá-los. Confesso que muitos deles funcionavam, mas não no tempo que eu queria, com a qualidade necessária e prazerosamente como deve ser.

Foi então que, na busca por melhorar a análise de cenário de uma solução específica, resolvi criar um modelo de Canvas para explicar ao Designer o que deveria ser feito e também para agilizar o trabalho. Este foi o momento "aha!". Nascia o primeiro Canvas da metodologia que teria como objetivo exercer a empatia com as pessoas para as quais a solução seria desenhada.

A partir deste momento, decidi que investiria tempo na criação de um método fácil, prático e colaborativo para que o desenho de soluções de aprendizagem pudesse ser feito no ritmo que nossa realidade nos impõe, com a singularidade necessária para refletir o nosso DNA e tendo como base o que sabemos sobre Design e aprendizagem.

FERRAMENTAS

Você já parou para pensar no que significa "ferramenta"? Basicamente, ferramenta diz respeito a um instrumento utilizado para realizar um trabalho. Fato é que, independente do trabalho que você execute, há sempre uma ferramenta adequada que irá facilitar o seu trabalho, e isso até na cozinha de casa! Particularmente, eu gosto muito de cozinhar e minha especialidade é a culinária espanhola. Entretanto, para se preparar um bom prato é necessário termos os instrumentos adequados para o corte, tipo de cozimento, tempo e temperatura necessários para o preparo, distribuição do calor etc.

A metodologia Trahentem® para o Design de Aprendizagem com uso de Canvas é uma ferramenta para o Design de Aprendizagem, criada para guiar o Designer em todos os passos essenciais para o desenho de uma solução centrada no ser humano que precisa aprender, bem como nos conhecimentos essenciais para que ele desempenhe seu trabalho de maneira produtiva e focada em sua performance.

Quando você quer fixar um quadro na parede, precisa de parafusos e seus acessórios. É necessário começar fazendo um furo na parede, para o qual irá precisar de uma furadeira. Se você não tiver uma, de nada adianta saber o que precisa ser feito. Seu quadro continuará fora do lugar até que você providencie a ferramenta para executar a colocação. A furadeira foi concebida para perfurar superfícies rígidas com perfeição, sem provocar danos. Para cada superfície há uma broca específica, e, dependendo do tipo de parede, você pode precisar de um instrumento que utilize impacto. Você pode até conseguir fazer um furo na parede sem uma furadeira, mas a sua eficácia aumenta com o uso da ferramenta adequada.

Você não precisa ser engenheiro para conseguir fazer um furo na parede, basta aprender o manuseio da ferramenta, mas isso não invalida toda a tecnologia e conhecimento por trás deste processo. Com a metodologia Trahentem® para o Design de Aprendizagem com uso de Canvas é assim. Se você é um Designer Instrucional, ela vai agilizar o seu trabalho; ou, então, se você trabalhar em outras áreas e precisar construir soluções de aprendizagem ou até mesmo multiplicar seu conhecimento, esse método vai ajudá-lo a realizar esta tarefa de maneira ágil e eficaz.

CAPÍTULO 2

PARA LER ESTE LIVRO

PARA LER
ESTE LIVRO

O que eu penso sobre limites pode ser resumido da seguinte maneira:

Sendo assim...

Faça a escolha que for melhor para você em seu momento atual. Imagino que se você já é um Designer Instrucional experiente e está em busca de ferramentas que o ajudem a fazer o seu trabalho "melhor e mais rápido", talvez você queira pular alguns conceitos e explorar a metodologia. Vá em frente!

Entretanto, se, como eu, você é do tipo de pessoa que gosta de ler um livro de "orelha a orelha" para descobrir como funciona o raciocínio do autor e desenvolver novas perspectivas sobre conceitos já estabelecidos, siga este caminho. Tenho certeza de que ele também pode trazer a você novas descobertas e insights para o aprimoramento de seu trabalho.

É BOM VOCÊ SABER

Seja qual for a sua escolha, é bom você saber que este livro não foi escrito para abordar o básico sobre Sistemas de Design Instrucional e seus principais autores. O conceito central desta obra é a Metodologia Trahentem® para o Design de Aprendizagem com uso de Canvas, e por esta ser uma ferramenta para transferir a teoria para a prática, abordarei o que é essencial para que você entenda a metodologia e sua base teórica. Entretanto, sugiro que se aprofunde nos assuntos que sentir necessidade de acordo com os conhecimentos que você já tem ou deseja adquirir.

CAPÍTULO 3

**ALINHANDO
CONCEITOS**

ALINHANDO
CONCEITOS

Você já notou que na maioria das vezes em que um projeto, uma discussão, ou até mesmo um planejamento não evolui, isso acontece por divergência de percepções sobre um conceito ou até mesmo por causa do vocabulário?

Os idiomas e seu vocabulário são assim, ou melhor, nós somos assim! Muitas vezes nos apegamos a uma palavra e investimos horas a fio para defender a nossa visão. Lembre-se: um ponto de vista é apenas um ponto.

Por isso achei que o melhor seria partirmos de um alinhamento de conceitos. Assim, podemos nos colocar todos "na mesma página" por assim dizer.

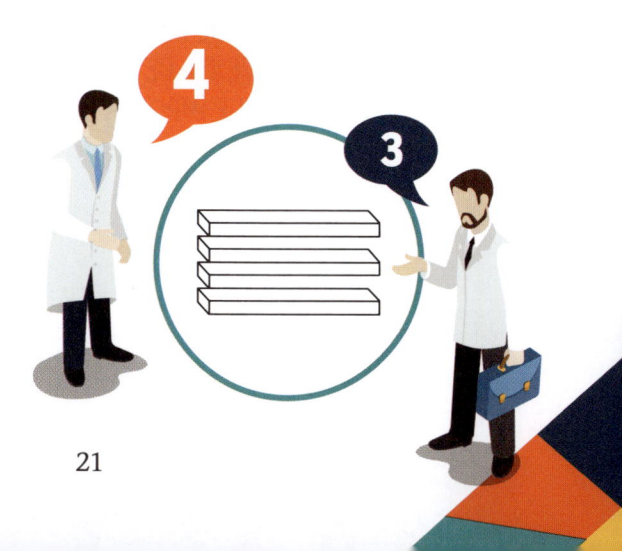

DESAFIO

Agora é com você!

Se este livro está em suas mãos, e estamos aqui conversando sobre um novo método para o Design Instrucional com o objetivo de facilitar seu trabalho, convido-lhe a preencher os espaços a seguir antes que você prossiga com a sua leitura.

QUAIS SÃO AS PRIMEIRAS COISAS QUE VÊM À SUA CABEÇA QUANDO PENSA EM DESIGN?

PARA VOCÊ, O QUE É UMA SOLUÇÃO DE APRENDIZAGEM, OU TREINAMENTO, PERFEITO?

FAÇA UM ESQUEMA QUE REPRESENTE PARA VOCÊ O PROCESSO DE CONSTRUÇÃO DE UM EVENTO DE APRENDIZAGEM. RABISQUE COMO QUISER. O QUE IMPORTA É VOCÊ ENTENDER!

EM GERAL, QUANDO UM TREINAMENTO NÃO DÁ CERTO, ISSO ACONTECE POR QUE RAZÃO?

NA SUA OPINIÃO, QUAL É O ELEMENTO ESSENCIAL (OU ELEMENTOS ESSENCIAIS) PARA QUE UM TREINAMENTO FUNCIONE?

DEFINA DESIGN INSTRUCIONAL

O QUE VOCÊ QUER FAZER DIFERENTE AO TÉRMINO DA LEITURA DESTE LIVRO?

Mantenha estas reflexões em mente e volte a elas sempre que sentir necessidade. Vamos retomá-las no final.

DESIGN O QUÊ?

É comum que, ao pensarmos em Design, entre outras coisas, venham objetos bonitos e sofisticados à nossa mente. Pensamos em joias, móveis, cores, texturas... E mais que simplesmente em beleza, pensamos em coisas belas que funcionam. Experimente ir ao Google e pesquise imagens para "Design". Esta pesquisa simples pode oferecer a você uma ideia da multidisciplinariedade do Design e, por isso, provavelmente, não encontrará uma definição única.

Se sua curiosidade o levar a buscar a etimologia da palavra, verá que, em inglês, Design, entre outras coisas, significa **criar ou planejar com um propósito específico**. Em latim, designáre quer dizer marcar, indicar; e em francês désigner quer dizer designar, desenhar.

É justamente esta característica não contida em uma única disciplina que me faz preferir, de maneira ampla, a definição apresentada pela designer e artista plástica Mônica Moura no livro Faces do Design.

> *"Design significa ter e desenvolver um plano, um projeto, significa designar. É trabalhar com a intenção, com o cenário futuro, executando a concepção e o planejamento daquilo que virá a existir. Criar, desenvolver, implantar um projeto – o design – significa pesquisar e trabalhar com referências culturais e estéticas, com o conceito da proposta. É lidar com a forma, com o feitio, com a configuração, a elaboração, o desenvolvimento e o acompanhamento do projeto"*

Embora a origem do design seja artística, ele é orientado para a solução de um problema específico. E é aqui que as coisas começam a fazer sentido, uma vez que, intencionalmente, reunimos forma e conteúdo.

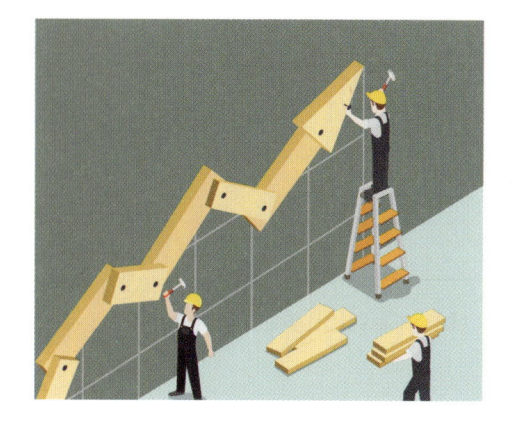

DESIGN INSTRUCIONAL

Vamos olhar mais de perto...

> **DESIGN**
> Do latim designare, de e signum, que significa marca, sinal, desenhar, desenvolver

> **INSTRUCIONAL**
> Do latim instruere, que significa fornecer informação. O prefixo in quer dizer reunir, empilhar

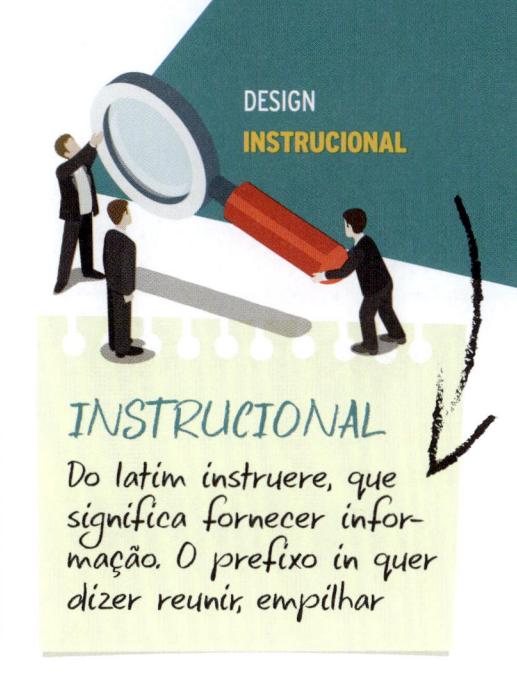

Rudimentarmente, o Design Instrucional é, então, o desenho, o desenvolvimento de uma reunião de informações para se transmitir uma instrução.

O Design Instrucional e, consequentemente, a função ou profissão de Designer Instrucional, não são coisas novas, apesar de serem ainda pouco conhecidos no Brasil. Ele começou na década de 1960 com esforços para o desenvolvimento de treinamentos para o exército americano no decorrer da Segunda Guerra Mundial.

Muito do que conhecemos e utilizamos até hoje foi desenvolvido numa época em que havia necessidade de se treinar um grande número de soldados de maneira veloz e sistemática. As instruções precisavam ser compreendidas e executadas com acuracidade e rapidez. Esta era uma época em que erros tinham um alto custo e, portanto, o interesse em aprender era também enorme. Com isso quero dizer que a disposição para o aprendizado era muito elevada.

De uma maneira mais atual e estruturada, Smith e Ragan[4] definiram design instrucional como:

> "O processo sistemático de traduzir princípios de cognição e aprendizagem para o planejamento de materiais didáticos, atividades, fontes de informação e processos de avaliação".

---
4 (Smith e Ragan, 1999)

Design Instrucional é, então, o termo comumente utilizado para nos referirmos à engenharia pedagógica ou arquitetura de aprendizagem. A engenharia pedagógica trata do conjunto de métodos, técnicas e recursos utilizados em processos de ensino-aprendizagem.

MAS O QUE É APRENDER?

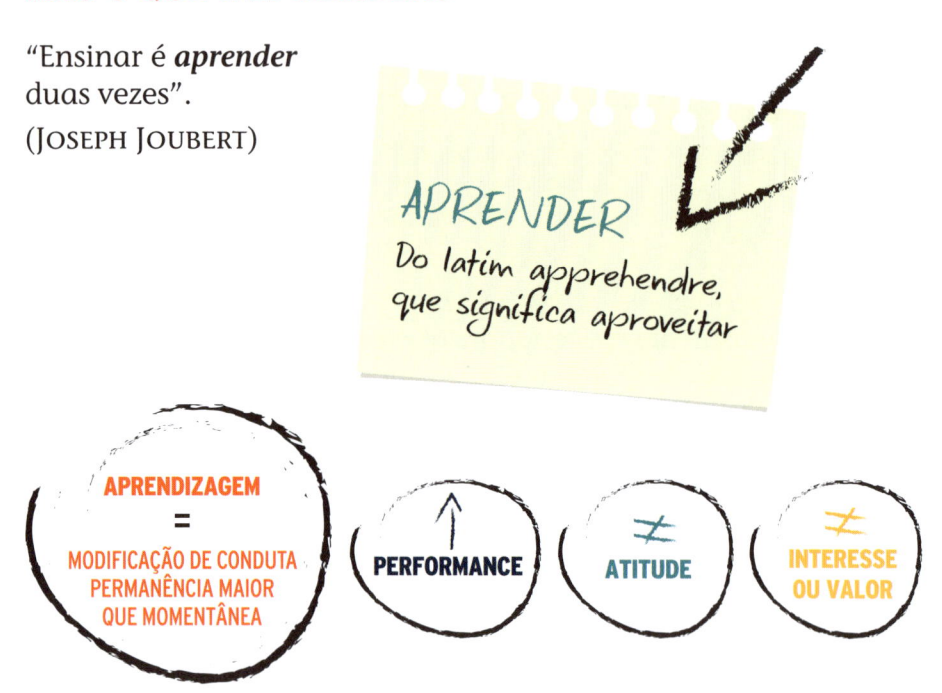

"Ensinar é *aprender* duas vezes".
(JOSEPH JOUBERT)

APRENDER
Do latim apprehendre, que significa aproveitar

APRENDIZAGEM = MODIFICAÇÃO DE CONDUTA PERMANÊNCIA MAIOR QUE MOMENTÂNEA

PERFORMANCE ↑

ATITUDE ≠

INTERESSE OU VALOR ≠

É só abrir o dicionário e vamos nos deparar com coisas coerentes a respeito deste verbo tão maravilhoso. Aprender significa alcançar ou conseguir conhecimento, ficar competente ou apto em alguma coisa e também aperfeiçoar-se ou progredir em termos de postura ou comportamentos.

No contexto deste livro e para a metodologia Trahentem® para o Design de Aprendizagem com uso de Canvas, escolhi definir aprendizagem a partir do significado da palavra no contexto organizacional.

Aprender significa, então, mudar de conduta de maneira perene, ou seja, aprender quer dizer mudar o que se faz, ou a forma como se faz, mas não apenas momentaneamente. Essa mudança de conduta pode ser uma melhoria de performance, uma demonstração de uma nova atitude ou ainda o desenvolvimento de diferentes comportamentos.

Afinal, quando criamos uma solução de aprendizagem com foco organizacional, estamos em busca de uma mudança de conduta para o alcance de melhores resultados. E é fundamental que você, como responsável pelo desenvolvimento de uma solução de aprendizagem, tenha isso em mente o tempo todo. Assim, você se questionará constantemente sobre o que o aluno, o treinando, ou o colaborador, precisa efetivamente aprender para melhorar a sua performance, mudar sua atitude ou demonstrar um determinado comportamento.

E por falar em aprendizagem, quem é o seu aprendiz? Um adulto!

AS CIÊNCIAS DA APRENDIZAGEM E O CONTEXTO

Você já parou para pensar que não dá para separar aprender e ensinar? E ensinar não é necessariamente uma ação protagonizada por um sujeito responsável pela aprendizagem do outro. Uma situação pode ensinar, um obstáculo pode ensinar, um desafio também!

Aprendemos o tempo todo, e o que vai mudando realmente é o contexto no qual estamos inseridos em cada momento de nossas vidas. Nossos primeiros aprendizados, e consequente os primeiros ensinamentos, acontecem no seio de nossa família, no ambiente de acolhimento que chamamos de lar. Em seguida, somos expostos a processos mais estruturados e intencionais, elaborados para que nossa educação seja plena.

É nos braços da querida escola que a pedagogia reina soberana e nos ajuda a aprender em uma época da vida em que estamos dispostos a aprender tudo. Afinal, não há parâmetros estabelecidos e critérios que tenhamos definido até então sobre o que é importante para nós em termos de aprendizagem.

Uma vez adultos, aprendemos aquilo que acreditamos ser útil para nossa vida. Se não é relevante, simplesmente não prestamos atenção. Não investimos tempo para aprender algo que não faça sentido. E se for algo que consideramos chato, achamos coisas mais interessantes para fazer.

E isso não é tudo...

Com o número crescente de estímulos e com a informação a um toque de distância, aprendemos cada vez mais de maneira autônoma e colaborativa.

ANDRAGOGIA

É a ciência de aprendizagem mais atual quando o aprendiz é o adulto, mas não explorada em toda a sua amplitude e efetividade. A andragogia consiste na arte ou ciência de orientar adultos a aprender. Esta definição é creditada a Malcolm Knowles na década de 1970. O termo remete a um conceito de educação voltada para o adulto, em contraposição à pedagogia, que se refere à educação de crianças (do grego paidós, criança).

Para educadores como Pierre Furter (1973), a andragogia é um conceito amplo de educação do ser humano, em qualquer idade. A UNESCO, por sua vez, já utilizou o termo para referir-se à educação continuada.

HEUTAGOGIA

Dizer que o mundo mudou é desnecessário e até mesmo redundante. Sabemos que a cada segundo surge um novo universo de inovações. Neste contexto líquido, orgânico e mutante, a heutagogia faz muito mais sentido. Heutogogia vem do grego heuta, que significa auto, somado a agogus, que quer dizer guiar. Ela propõe um processo educacional no qual o estudante é o único responsável pela sua aprendizagem. Este é um modelo alinhado à Tecnologia da Informação e Comunicação e também às inovações de e-learning.

Em outras palavras, a heutagogia supõe que aprendemos quando **queremos e precisamos aprender**. E fazemos isso do jeito que mais nos agrada e convém. Basta pensar na última vez que desejou ou precisou aprender algo. Quais foram as fontes que consultou em busca deste aprendizado? É provável que suas fontes tenham sido o Google, o YouTube, Blogs, ou ainda grupos no WhatsApp.

Isso abrange desde as coisas simples como cozinhar, até outras mais complexas. A menos que seja um colecionador ou um apaixonado por livros de receita, é muito provável que procure uma receita na internet (de preferência com um vídeo tutorial) na hora de fazer algo que sentiu vontade ou nunca fez. Se você considera seu tempo precioso e ainda assim quer ou precisa se manter atualizado, provavelmente conhece uma diversidade de sites que oferecem cursos gratuitos via internet.

Se a andragogia já colocava o professor no papel de facilitador, a heutagogia agora agrega centenas de outros recursos para ajudar o outro a aprender. Ops! Eu não disse ensinar ou instruir, e sim **ajudar o outro a aprender**, e isso muda tudo!

Sim, muda tudo. Não é apenas uma questão semântica, pois estamos mudando o protagonista da ação. Quando dizemos "instruir", automaticamente nosso cérebro utiliza modelos mentais conhecidos para construir uma sessão de treinamento na qual instruções serão dadas para serem cumpridas.

Quando mudamos o nosso modelo mental e substituímos **instrução** por **aprendizagem**, nos colocamos no lugar do facilitador. Daquele que busca maneiras de contribuir para que o outro aprenda e, assim, mude sua conduta de modo permanente, transferindo o que aprendeu para sua rotina de trabalho.

É preciso mudar este modelo mental. A tecnologia invadiu (e continua invadindo) nossas vidas de maneira avassaladora. Ela muda com uma velocidade impressionante e nós, profissionais que trabalhamos com aprendizagem, precisamos acompanhar o passo dessa mudança. Aulas ou sessões informativas de treinamento não engajam, e pior, não contribuem para o aprendizado que gera mudança de conduta.

DESIGN ~~INSTRUCIONAL~~ DE APRENDIZAGEM

MUDANDO O MODELO MENTAL

Agora que já sabemos "em que página estamos" ou, em que contexto estamos inseridos (nós e nossos aprendizes), não faz sentido continuarmos a falar em Design Instrucional. Podemos até entender isso como um sinônimo, mas se desenhamos soluções de aprendizagem centradas em quem vai aprender e com foco na performance dessas pessoas, mudar o nosso modelo mental vai nos ajudar, e muito, no desenvolvimento de soluções que reflitam este olhar.

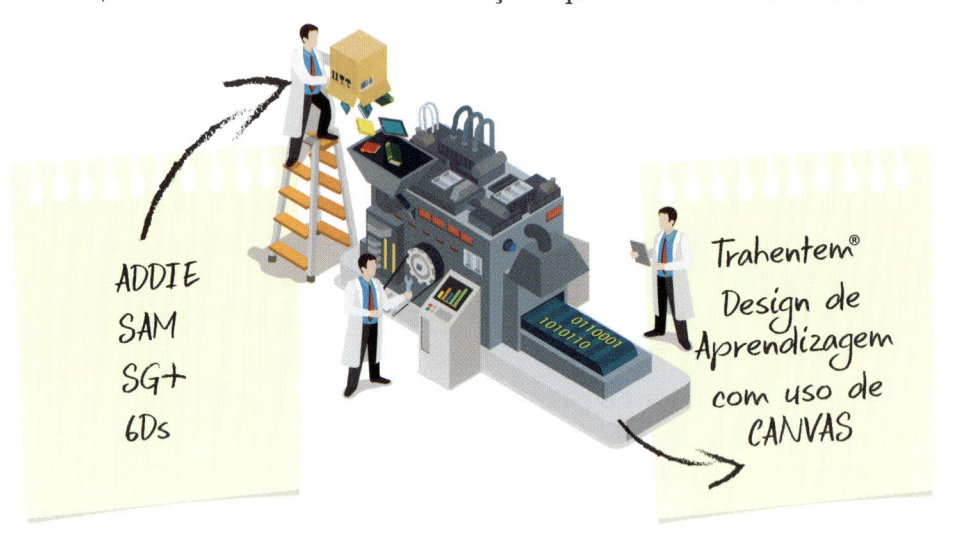

ADDIE
SAM
SG+
6Ds

Trahentem®
Design de
Aprendizagem
com uso de
CANVAS

Vamos utilizar a teoria dos Sistemas de Design Instrucional, colocando-a em prática com o olhar daqueles que fazem muito mais do que ensinar[5], ajudam o outro a aprender!

Nesta obra, em alguns momentos, utilizarei o termo Design Instrucional para ser fiel à nomenclatura que você encontrará na literatura; entretanto, é hora de internalizarmos a diferença entre Design Instrucional e Design de Aprendizagem. Elaborar o Design de Aprendizagem de uma solução significa criar uma solução de aprendizagem pensando na experiência de quem aprende e no que esta pessoa precisa fazer com este aprendizado.

---
5   Acredito que a pessoa que ensina, na verdade, dá o melhor de si para que o outro descubra os caminhos que o levam a aprender aquilo que precisa.

Para que isso aconteça é preciso pensar no tipo de conhecimento a ser aprendido, no contexto no qual esta pessoa está inserida e também na aplicabilidade deste conhecimento para sua rotina.

Ter o olhar de um Designer de Aprendizagem significa exercitar a visão de quem aprende, pensando em suas atribuições e desafios. É se despir da autoridade do conhecimento e se disponibilizar para encontrar maneiras de ajudar o outro a aprender o que ele precisa e não aquilo que você gostaria de ensinar. É facilitar a vida de quem aprende por meio da criação de uma solução de aprendizagem que vá tornar a execução do trabalho desta pessoa mais fácil, mais eficaz.

DESIGN DE APRENDIZAGEM, UMA DEFINIÇÃO

Teoria colocada em prática foi o que me fez criar esta metodologia. E é pensando em quem desenvolve soluções de aprendizagem focadas no sujeito que aprende que defini Design de Aprendizagem no método Trahentem® com uso de Canvas como:

> *"Organização sistematizada, encadeada e intencional de conteúdos, com a utilização de metodologias de aprendizagem adequadas para cada tipo de conhecimento, de modo a estimular e facilitar o processo de aprendizagem em diferentes contextos, e promover a mudança de conduta com relação à performance, atitudes e comportamentos."*

SISTEMAS DE DESIGN ~~INSTRUCIONAL~~ DE APRENDIZAGEM

Um Sistema de Design Instrucional (ISD Instructional Systems Design) é uma abordagem sistemática para analisar, desenhar, desenvolver, implementar e avaliar experiências de aprendizagem de maneira eficiente, efetiva e engajadora. Um possível primeiro modelo do que se chamou de "desenho instrucional" foi desenvolvido pelo exército americano a partir das descobertas de B.F Skinner sobre o comportamento operante. Este modelo teria sido aplicado ao desenvolvimento e treinamento de soldados para a Segunda Guerra.

O Modelo ADDIE é um modelo clássico de um processo sistemático de design instrucional. Há vários outros sistemas diferentes, mas a grande maioria se baseia no clássico ADDIE, que foi desenvolvido na Universidade Estadual da Flórida em 1975. O termo "ADDIE" é um acrônimo e significa Análise, Design, Desenvolvimento, Implementação e Avaliação (Evaluation)[6].

Alguns dos modelos mais conhecidos são:
- Seels and Glasgow (1990) Instructional System Design Model.
- Smith and Ragan (1993) Systematic Instructional Design Model.
- Rapid Instructional Design (RID) our Rapit Prototype Model.
- SAM the Successive Approximation Model – Michaell Allen.
- 6Ds As seis disciplinas – Calhoun Wick, Roy Pollock e Andrew Jefferson.

As diferenças entre eles são normalmente pequenas, estão relacionadas a seu escopo e tendem a estar ligadas a terminologias e procedimentos. Muitas das abordagens mais recentes para o Design de Aprendizagem propõem métodos mais rápidos que permitem a verificação de eficácia e correção de rumos antes que um grande investimento tenha sido feito com uma solução de aprendizagem.

CANVAS OU HORA DE DESFAZER A CONFUSÃO!

Canvas é uma palavra inglesa que deriva do latim e que significa "tela". Pense numa tela em branco. Você pode colocar nela o que a sua imaginação permitir e, assim, criar uma visão compartilhada de algo que anteriormente era só seu. Não é sensacional?

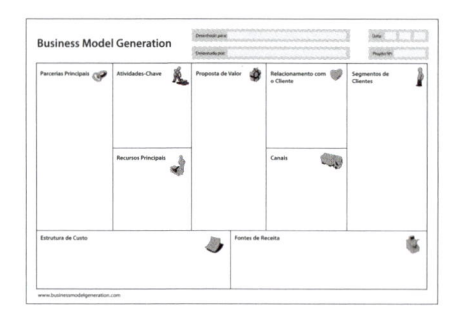

O termo foi popularizado por Alex Osterwalder, criador do Canvas do Modelo de Negócios (*Business Model Canvas*), que constitui a base da metodologia criada por ele para promover a inovação e geração de *Business Models*.

---
6 Analysis, Design, Development, Implementation, Evaluation. Fonte: ATD (Association for Talent Development) – Designing Learning

A confusão entre "Canvas" e o "Canvas do Modelo de Negócios" é muito comum, por isso a importância deste alinhamento. Quando participei do Business Design Summit, em Berlin, no ano de 2013, encontrei profissionais do mundo todo apresentando ferramentas que haviam criado com base em modelos de Canvas elaborados especificamente para diferentes finalidades e foi aí que começou a brotar a ideia de literalmente desenhar um modelo de Canvas (ou alguns) para as minhas próprias necessidades e desafios.

A metodologia Trahentem® para o Design de Aprendizagem com uso de Canvas, que você vai conhecer e aprender a aplicar neste livro, é composta por três modelos de Canvas. Cada um deles proporciona uma prática específica e conectada com o ciclo de aprendizagem. Juntos, todos eles formam a Metodologia ou ferramenta de Design de Aprendizagem com o uso de Canvas.

O CICLO DAS SOLUÇÕES DE APRENDIZAGEM

Uma solução de aprendizagem efetiva, que alcança resultados mensuráveis e promove mudança de conduta, percorre um caminho que talvez seja seu velho conhecido: o ciclo de treinamentos ou, como prefiro denominar, o ciclo das soluções de aprendizagem. Desenvolver uma solução de aprendizagem (independente do meio de entrega) sem percorrer este ciclo e acertar, é contar com a sorte e aumentar as chances de frustração por não ter obtido os resultados esperados.

> Este ciclo possui quatro etapas:
> 1. Análise;
> 2. Design;
> 3. Implementação;
> 4. Avaliação.

Você vai encontrar várias referências que trabalham num modelo cíclico. O ciclo a que me refiro aqui aponta o caminho necessário a ser seguido para a construção de uma solução de aprendizagem eficaz, centrada no participante e em sua performance de modo a contribuir com os objetivos organizacionais a serem alcançados.

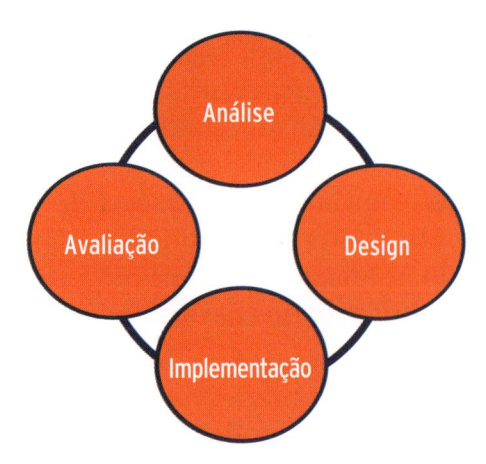

Ciclo das Soluções de Aprendizagem

Os Sistemas de Design Instrucional (ISD) percorrem as etapas deste ciclo utilizando métodos e instrumentos característicos de cada um deles. A figura a seguir ilustra a correlação entre o ciclo e as etapas do ADDIE, o mais clássico dos sistemas.

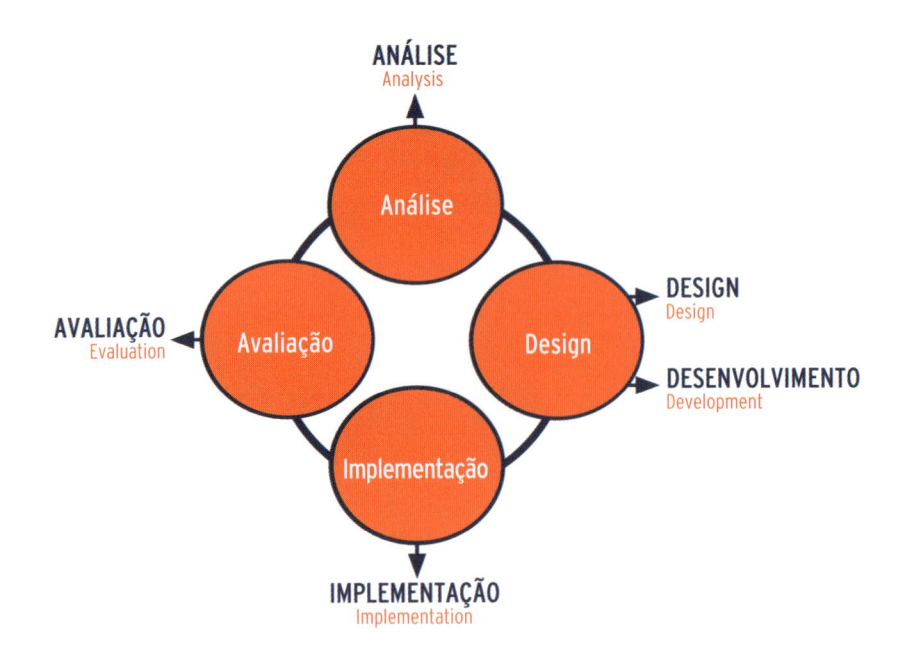

Correlação entre o Ciclo das Soluções de Aprendizagem e Modelo ADDIE

A figura na página ao lado estabelece a correlação entre o ciclo das soluções de aprendizagem e o modelo ADDIE (Sistema de Design Instrucional).

O objetivo de estabelecer esta correlação é chamar sua atenção para o fato de que em cada etapa do ciclo ocorrem várias ações e são elas que variam de acordo com o Sistema adotado.

Percorrer todas as etapas do ciclo não é uma opção, é uma obrigatoriedade para o alcance de resultados por meio de uma solução de aprendizagem. O que muda é a maneira como você fará este percurso, ou seja, que abordagem e instrumentos utilizará em cada etapa para que tenha sucesso.

A Metodologia Trahentem® para o Design de Aprendizagem com uso de Canvas é uma maneira rápida, segura e eficaz de percorrer este trajeto. Entretanto, ela foi elaborada para ser uma estrada suave e segura na qual você vai gostar de trafegar, pois torna o processo leve, fácil de entender e eficaz.

CAPÍTULO 4

A METODOLOGIA TRAHENTEM® PARA O **DESIGN DE APRENDIZAGEM** COM USO DE **CANVAS** E O **DESIGN THINKING**

A METODOLOGIA TRAHENTEM®
PARA O DESIGN DE APRENDIZAGEM
COM USO DE CANVAS E O DESIGN THINKING

Imagino que talvez você esteja se perguntando de onde veio este nome e o que me levou a escolher uma palavra em latim para denominar este método. A verdade (pouco poética) é que eu sou uma pessoa prática. E foi essa praticidade, e também experiência, que me levaram a fugir de nomes conhecidos ou que lembrassem outros métodos que fazem parte de seu repertório para evitar que modelos mentais existentes bloqueassem o seu processo de aprendizagem.

Conectar novos conhecimentos com conhecimentos existentes é muito importante. Entretanto, temos que tomar cuidado e evitar o **efeito** *Einstellung*. Em alemão, Einstellung significa "instalação", e este efeito consiste na criação de uma barreira que nos leva a tentar resolver um problema da maneira como sempre fazemos.

Nosso cérebro busca achar eficientemente a solução para um problema; entretanto, a solução que ele encontra pode não ser a melhor, e ainda assim ele prossegue seguindo os mesmos caminhos na busca pela solução. Ao reconhecermos em um método similaridade com outros que já conhecemos, tendemos a adotar os mesmos modelos mentais para compreender o novo, e isso pode nos atrapalhar, uma vez que acabamos transportando abordagens antigas para o novo.

Esta metodologia possui os mesmos fundamentos de muitas outras, mas sua abordagem é diferente e eu preciso comunicar isso aos usuários da metodologia desde o início. Por essa razão, convido você a **DES**aprender para **aprender**. Vou precisar da sua mente aberta e disponível e prometo que valerá a pena, pois isso vai ajudá-lo a economizar duas coisas preciosas:

- O seu tempo;
- Os recursos da organização para a qual trabalha.

O QUE A ABORDAGEM TRAHENTEM® TROUXE DO DESIGN THINKING

Há alguns fatores que considero cruciais na minha compreensão sobre o Design de Aprendizagem. O primeiro deles é a urgência de um Design de Aprendizagem compatível com a vida real, ou seja, compatível com um mundo "versão beta", no qual as coisas mudam rapidamente e ao qual temos que nos adaptar, sendo capazes de responder com velocidade, de modo a gerar e compartilhar conhecimento de maneira alinhada aos objetivos organizacionais.

O segundo é o desenvolvimento de um design centrado no ser humano e em sua performance, capaz de desenvolver um olhar empático que compreende as necessidades reais de quem precisa performar e contribui para que este desempenho seja alcançado a partir de um aprendizado consistente que assegura a transferência do conhecimento adquirido para a prática.

O terceiro ponto, igualmente importante, é a simplicidade. A grande mágica que reconhecemos na tecnologia é a capacidade que esta disciplina tem de simplificar o complexo. Quando baixamos um novo aplicativo em nosso smartphone, não queremos investir tempo aprendendo como utilizá-lo. Queremos que a interface conosco seja interativa, intuitiva, prática e natural. Queremos que seja simples, e o processo de aprendizagem também precisa ser assim.

Encontrei no Design Thinking o alinhamento e a abordagem que precisava para atender a estes fatores.

VIDA REAL — colaboração

CENTRADO NO SER HUMANO — Empatia

SIMPLICIDADE — Experimentação

Assim como no Design Thinking, a Metodologia Trahentem® combina a análise do contexto de um problema com a empatia, colocando as pessoas no centro do processo de Design de Aprendizagem. Vem do Design Thinking a busca de perspectivas diversificadas para análise e solução de problemas, priorizando sempre o trabalho colaborativo preferencialmente realizado por equipes multidisciplinares.

AS ETAPAS DO DESIGN THINKING E A METODOLOGIA TRAHENTEM®

Com uma abordagem criativa e prática para a solução de problemas, o Design Thinking tem se popularizado por sua funcionalidade na vida real. Este livro não se propõe no aprofundamento de outros métodos e abordagens, e por essa razão não vou me dedicar a este assunto. Contudo, vou colocar um feixe de luz sobre as etapas do Design Thinking que inspiraram o surgimento do Trahentem® e o que cada uma destas etapas significa nesta metodologia.

1. Empatia é o começo de tudo. Este é o momento de conhecer a audiência para quem você vai desenhar uma solução de aprendizagem e investigar o que importa para estas pessoas. Acrescentei aqui ingredientes importantes, pois não basta compreender sobre a audiência, é preciso estabelecer a conexão entre estas pessoas e os objetivos que a organização busca alcançar.

2. A definição cria uma perspectiva que esteja baseada nas necessidades dos seus aprendizes, ou participantes, conectada aos objetivos organizacionais. Ou seja, olharemos especificamente para o que estas pessoas precisam fazer sem perder de vista o alinhamento estratégico. Este processo irá definir quais são as necessidades deles.

3. Aqui, idealizar diz respeito ao mapeamento de tarefas e conhecimentos necessários para a obtenção da performance ideal, ou seja, da performance necessária para o alcance dos objetivos da organização.

4. Prototipar na Metodologia Trahentem® significa construir soluções de aprendizagem eficazes. Para isso é preciso ser ágil, experimentar, testar e ter flexibilidade para alterar. E tudo isso sem desprezar o mecanismo de funcionamento da aprendizagem.

5. Testar é fazer a entrega com foco nos objetivos a serem alcançados, mantendo o olhar atento para medir resultados e fazer rapidamente os ajustes que se mostrarem necessários.

ATENÇÃO

Fuja da armadilha de estabelecer uma correlação direta com o Design Thinking. Evite o **efeito *Einstellung***. Da mesma maneira que duas pessoas com o mesmo nome não estão fadadas ao mesmo destino, as etapas podem ser semelhantes, mas **não são iguais**.

CAPÍTULO 5

PREMISSAS DA METODOLOGIA TRAHENTEM®
REVISITANDO ASPECTOS BÁSICOS IMPORTANTES

PREMISSAS DA METODOLOGIA TRAHENTEM®
REVISITANDO ASPECTOS BÁSICOS IMPORTANTES

A performance de um indivíduo, ou grupo de indivíduos, pode ser afetada por fatores diversificados. Compreender este fato é uma premissa para o sucesso de uma intervenção focada em aprendizagem.

É preciso lembrar que treinamos as pessoas para que elas aprendam algo relevante para sua performance e sejam capazes de transferir este aprendizado para a prática em sua vida profissional. Dessa forma, contribuímos positivamente para a vida dessas pessoas, pois facilitamos a execução de seu trabalho.

QUANDO UMA SOLUÇÃO DE APRENDIZAGEM É NECESSÁRIA

Com o olhar voltado para o contexto organizacional, ou para qualquer outro, estamos sempre em busca de aprimoramentos que gerem resultados. Uma solução de aprendizagem, neste contexto, nasce para atender a um dos cinco momentos de necessidade de aprendizagem clássicos descritos por Conrad Gottfredson e Bob Mosher em seu livro Inovative Performance Support:

1. Aquisição de **novos conhecimentos**: quando as pessoas aprendem como fazer algo pela primeira vez;
2. Aquisição de **mais conhecimento**: quando as pessoas expandem ou aprofundam o conhecimento que já possuem sobre um dado assunto;
3. No **momento da aplicação**: no momento de agir sobre o que aprenderam, ou seja, na hora de aplicar o conhecimento adquirido, transferindo-o para a prática;
4. Para **encontrar soluções**: quando surgem problemas ou quando as coisas não funcionam de acordo com o que foi planejado;
5. Na ocorrência de **mudanças**: quando é necessário que as pessoas aprendam um novo jeito de fazer as coisas, e isso exige uma mudança de habilidades.

Agora invista alguns minutos para refletir sobre estes "momentos de necessidade" e os compare com a figura a seguir.

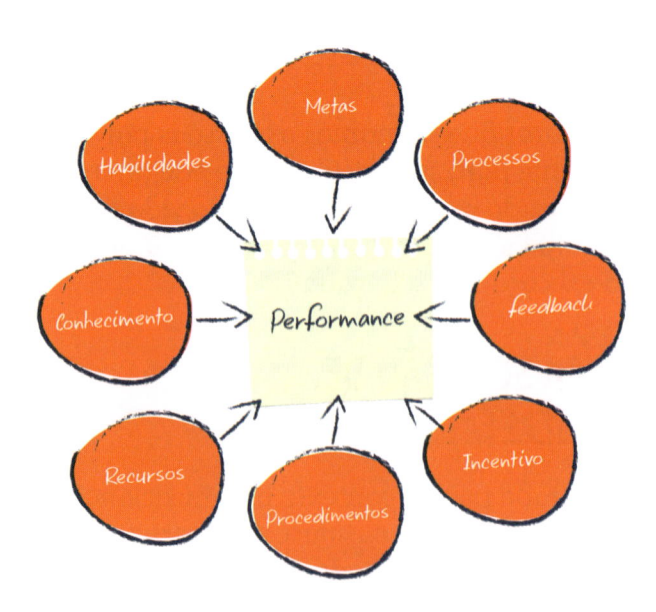

Fatores que influenciam a performance

Assinale, na figura a acima, os fatores que influenciam a performance e que na sua opinião estão contidos nos momentos de necessidade apresentados anteriormente.

COMO ESTA ANÁLISE INFLUENCIA O SEU TRABALHO COMO DESIGNER DE APRENDIZAGEM

É muito comum que soluções de aprendizagem, ou treinamentos, sejam o primeiro "remédio" no qual se pensa para aliviar a dor do resultado que não se alcança. Cuidado, este remédio pode não só ser ineficaz para o alívio da dor como pode esconder os sintomas que revelam o real problema que impacta a performance das pessoas.

É possível que uma pessoa saiba exatamente o que deve fazer, e como fazer, para alcançar um determinado resultado; contudo, se o contexto no qual este profissional está inserido não é favorável, a performance não irá acontecer, ou irá ocorrer em padrões não compatíveis com o que se espera.

Metas inadequadas, processos mal estruturados, ausência de feedback e programas de incentivo incompatíveis, procedimentos inconsistentes e recursos insuficientes ou inapropriados são exemplos de problemas que não são solucionados por treinamentos. Com isso quero dizer que, se um processo é inconsistente ou não aplicável integralmente na vida real, de nada adianta treinar as pessoas para que saibam realizar este processo.

O contrário também é verdadeiro, ou seja, se identificamos que o processo é adequado e as pessoas não o realizam por não terem conhecimentos ou habilidades que são necessárias para sua execução, então é necessário treiná-las.

A Metodologia Trahentem® para o Design de Aprendizagem com uso de Canvas vai levar você de maneira natural a fazer esta análise conscientemente e eu vou incentivar você a não seguir com o desenvolvimento de uma solução de aprendizagem sem que tenha sido capaz de concluir que o problema de performance que se apresenta pode ser resolvido por este caminho.

CAPÍTULO 6

A METODOLOGIA TRAHENTEM® PARA O DESIGN DE APRENDIZAGEM COM USO DE CANVAS

A METODOLOGIA TRAHENTEM®
PARA O DESIGN DE APRENDIZAGEM COM USO DE CANVAS

A principal razão pela qual as pessoas não conseguem executar uma determinada prática não é o desconhecimento do conteúdo. Na grande maioria das vezes sabemos qual é a teoria, precisamos apenas de ajuda para superar as barreiras que a execução de nosso trabalho nos impõe.

A primeira das barreiras está relacionada ao entendimento da situação-problema. Sabemos como fazer e que dados buscar. Entretanto, a reunião e análise destes dados leva tempo. É necessário, então, adquirirmos velocidade neste processo e ao mesmo tempo garantir que responderemos às questões que são fundamentais.

As constrições que o mundo real nos impõe não param por aí. Elas também estão relacionadas às limitações de tempo para o desenvolvimento da solução e orçamentos reduzidos para sua implementação. Não temos tempo para errar ou permissão para investir inadequadamente, precisamos ser assertivos e o que garante a nossa assertividade é justamente a "teoria que está nos bastidores".

A Metodologia Trahentem® para o Design de Aprendizagem com uso de Canvas surgiu neste contexto para guiar você, com agilidade, por todos os passos fundamentais na construção de uma solução de aprendizagem.

O QUE É — A METODOLOGIA TRAHENTEM® PARA O DESIGN DE APRENDIZAGEM COM USO DE CANVAS

Mais que uma metodologia, é uma mudança de modelo mental. **É uma abordagem prática que constrói uma ponte entre a teoria e a prática** e nos permite executar o Design de Aprendizagem no mundo real. Definir é essencial para que possamos compreender a abrangência deste método. Como definir:

> *"A Metodologia Trahentem® para o Design de Aprendizagem com uso de Canvas é uma ferramenta para o Design de Soluções de Aprendizagem que utiliza três modelos de Canvas que foram elaborados para facilitar o processo de diagnóstico, a seleção de conhecimentos e conteúdos e o Design de Soluções focadas na maneira como as pessoas aprendem e na performance destas pessoas."*

Com essa definição, espero afastar comparações entre Trahentem® e os Sistemas de Design Instrucional com o sentido de encontrar uma correlação direta entre os modelos de Canvas da Metodologia e as etapas de um Sistema de Design Instrucional.

Entenda esta ferramenta como o seu mapa de transferência, ou seja, o veículo que você precisava para colocar os seus conhecimentos em prática, facilitando o seu trabalho em uma época onde somos cobrados por "fazer mais, com menos, melhor e mais rápido".

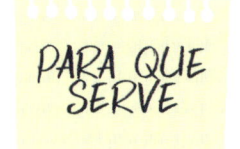

PARA QUE SERVE — A METODOLOGIA TRAHENTEM® PARA O DESIGN DE APRENDIZAGEM COM USO DE CANVAS

A Metodologia Trahentem® ajuda você a fazer a organização sistematizada, encadeada e intencional de conteúdos, de modo a facilitar o aprendizado das pessoas para quem você desenha a solução de maneira consistente e alinhada aos objetivos estratégicos da organização.

A METODOLOGIA TRAHENTEM® PARA O DESIGN DE APRENDIZAGEM COM USO DE CANVAS

COMO FUNCIONA

Sendo uma abordagem prática que se propõe a construir uma ponte entre a teoria e a prática, o funcionamento da metodologia requer uma mudança de modelo mental, ou seja, você deixará de utilizar modelos mentais convencionais e trabalhará com foco na experimentação.

O funcionamento da metodologia está pautado na utilização de três modelos de Canvas, que foram construídos para atender a necessidades específicas, todas elas correlacionadas ao Clico das Soluções de Aprendizagem. Por isso, cada um dos Canvas recebe um nome diferente e está dividido em "blocos" que representam elementos importantes de cada etapa do Design de Aprendizagem. Conhecer as características da metodologia vai ajudar você na compreensão de seu funcionamento.

AS SETE CARACTERÍSTICAS DA METODOLOGIA TRAHENTEM®

1. VISUAL:
"Uma imagem vale mais que mil palavras."[7]

A metodologia foi concebida para oferecer a você três grandes fotografias do Design da Solução de Aprendizagem em questão. Cada um dos Canvas que você irá construir possibilitará análise e tomada de decisões baseadas em uma única figura ou imagem. É importante que você siga as orientações sobre as melhores práticas, que serão apresentadas mais adiante, para que obtenha o resultado desejado.

2. COLABORATIVA:
"Todo ponto de vista é a vista de um ponto..."[8]

Lemos o mundo que nos rodeia utilizando as lentes de nossa interpretação que é baseada em nossos modelos mentais, crenças e valores. Envolver equipes multidisciplinares (especialmente no diagnóstico) é enriquecedor e pode nos ajudar a aumentar a pre-

---

7 Confúcio, pensador e filósofo chinês.
8 Leonardo Boff, teólogo e filósofo brasileiro.

cisão. A abertura para ouvir, o desprendimento para aceitar opiniões diferentes e a flexibilidade para mudar são essenciais na execução deste trabalho.

3. INVESTIGATIVA:

"Só sei que nada sei, e o fato de saber isso, me coloca em vantagem sobre aqueles que acham que sabem alguma coisa"[9].

Investigar é buscar evidências, fazer perguntas, ter curiosidade, imaginar. Contudo, para que uma investigação não seja tendenciosa, abertura e humildade precisam estar presentes. Não presuma, investigue. Mantenha-se aberto e acolha contribuições diferentes da sua.

4. PROPOSITIVA:

"Alguns homens veem as coisas como são e dizem: Por quê? Eu sonho com as coisas que nunca foram e digo: Por que não?"[10]

Propor é um ato de coragem que vislumbra soluções que outros não conseguem ver. Esta visão não é uma visão privilegiada, e sim conclusiva e baseada em descobertas a partir de uma investigação consistente.

5. EXPERIMENTAL:

"Se quiser ter uma boa ideia, tenha antes uma porção de ideias"[11].

Nosso pensamento não é linear. Nosso cérebro resolve problemas utilizando recursos conhecidos que já funcionaram anteriormente. Para fazer algo diferente é preciso experimentar, prototipar e ter coragem para errar.

6. ÁGIL:

"Saber e não fazer, é ainda não saber"[12]

Estacionar frente a velhos paradigmas pode ser uma armadilha. A metodologia exige agilidade para pensar e expressar seus pensamentos por meio do processo de prototipagem. Trabalhar com uma equipe multidisciplinar também pode bloquear a agilidade. Quando em grupos, tendemos a defender ideias ao invés de experimentá-las.

---

9   Sócrates, um dos fundadores da filosofia ocidental.
10 George Bernard Shaw, dramaturgo, romancista, contista e jornalista irlandês.
11 Thomas Edison, empresário dos Estados Unidos e um dos precursores da revolução tecnológica do século XX.
12 Lao-Tsé, Filósofo e alquimista chinês.

7. SIMPLES:

"A simplicidade é o último grau de sofisticação"[13]

Em um mundo de alto grau de complexidade, simplificar o complexo é chave para o sucesso no processo de aprendizagem e transferência para a prática. Ser simples não significa ser raso ou incompleto, quer dizer ser viável e aplicável.

O QUE COMPÕE ESTA FERRAMENTA

Trahentem® para o Design de Aprendizagem com uso de Canvas é uma ferramenta muito simples composta por três modelos de Canvas:

- DI-Empatia;
- DI-Tarefas;
- DI-ROPES.

Cada um deles foi desenhado para uma finalidade específica correlacionada ao ciclo de soluções de aprendizagem como mostra a figura a seguir.

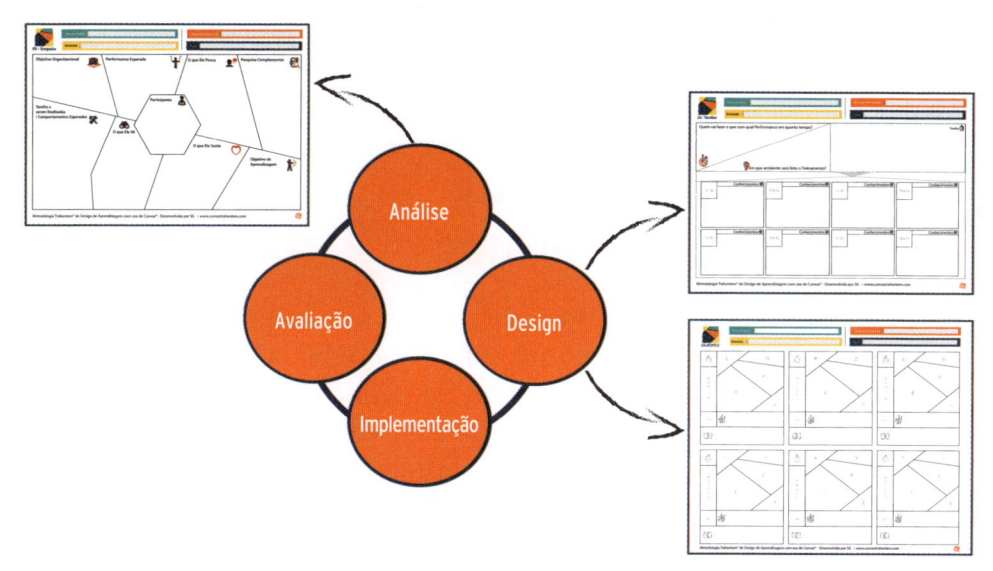

Correlação entre o Ciclo de Soluções de Aprendizagem & Metodologia Trahentem® para o Design de Aprendizagem com uso de Canvas

---

13   Leonardo da Vinci, o arquétipo do homem do renascimento.

Imagino que você esteja pensando que eles deveriam ser chamados de DA e não DI, uma vez que defino este processo como Design de Aprendizagem e não Design Instrucional. Eu decidi manter DI na nomenclatura dos mapas para facilitar a localização dos mesmos por aqueles que fazem pesquisas relacionadas ao Design Instrucional. Fiz esta escolha para evitar o reducionismo.

Como você pode notar, esta ferramenta se propõe a trabalhar com o processo de diagnóstico e design de toda a experiência de aprendizagem. A implementação, que diz respeito à entrega (presencial ou não), é preparada no processo de design, uma vez que é durante este processo que se definem as metodologias utilizadas.

O mesmo acontece com a etapa de avaliação. É no diagnóstico que se definem os indicadores que serão impactados pela solução de aprendizagem, daí a importância de se identificar o objetivo organizacional a ser alcançado por meio desta solução.

A seguir você vai encontrar a conexão entre cada um dos Canvas e o processo que ele se propõe a simplificar. Farei isso de maneira resumida, pois não faria sentido oferecer a você um livro texto complexo para que aprenda a utilizar uma ferramenta que se propõe a ser simples.

Você pode optar por ler esta explicação ou, se preferir, pode ir direto para as melhores práticas e colocar as mãos na massa. Escolha o que for melhor para o seu estilo de aprendizagem.

O TRAHENTEM® DI-EMPATIA E O PROCESSO DE DIAGNÓSTICO

A fase de diagnóstico precisa ser mais que um levantamento de necessidades ou, como é bastante conhecido, LNT. Quando fazemos um processo de Levantamento de Necessidades de Treinamento, quase inconscientemente estamos em busca de problemas para os quais a solução está relacionada à aprendizagem. A Pinnacle Performance Partners propõe uma análise que amplia o entendimento desse levantamento. Essa ampliação pode ser compreendida na figura a seguir.

A Metodologia Trahentem® para o Design de Aprendizagem com uso de Canvas — 59

Análise organizacional + Análise de performance + Análise de quem performa = Treinamento necessário

Fonte: Pinnacle Performance Partners (P3)[14]

Antes de indicarmos uma solução de aprendizagem, é necessário nos certificarmos de que o problema de performance existente pode ser resolvido por meio do treinamento das pessoas que performam.

Esta análise organizacional deve nos levar ao entendimento dos resultados que a empresa busca atingir em termos de performance, e esta, por sua vez, está diretamente relacionada às tarefas, ou seja, ao processo por meio do qual esta performance ocorre. Enquanto o diagnóstico busca identificar o que se quer atingir por meio desta solução de aprendizagem, a estratégia de avaliação deve descobrir se os resultados esperados foram alcançados.

O Canvas DI-Empatia conecta a análise organizacional à análise do indivíduo, pois ele investiga o que se quer alcançar enquanto organização ao mesmo tempo que faz um exercício de empatia com o indivíduo que precisa realizar tarefas para que este resultado seja alcançado. Ele nos permite fazer perguntas para entender se o que esse indivíduo precisa é ou não aprender ou aprimorar conhecimentos e habilidades para que possa executar o seu trabalho da maneira que se espera.

Nesse processo de diagnóstico com o uso do Canvas DI-Empatia, você vai identificar de que maneira a performance do indivíduo se encaixa nos objetivos da organização. A performance esperada vai permitir que você descubra quais são os padrões requeridos na execução das tarefas e compará-la com a atual entrega destas pessoas. O exercício da empatia vai ajudá-lo a descobrir quais as dificuldades para a performance ou execução das tarefas e assim você vai identificar quais são as tarefas que precisam ser aprendidas ou aprimoradas.

Ao reconhecer o objetivo organizacional a ser impactado e o padrão de performance esperado, você já tem condições de definir

---

14 Adaptado de ASTD Designing Learning Certificate Program – Atual ATD (Association for Talent and Development)

como vai medir o resultado e para este trabalho lembre-se de recorrer a Donald Kirkpatrick e seus níveis de avaliação, bem como também ao ROI[15]. Você encontrará na bibliografia deste livro algumas sugestões de leitura que poderão ajudá-lo com este assunto.

O Canvas DI-Empatia

A esta altura, você já sabe que Canvas significa apenas tela em branco, então pode desenhar nela o que desejar. A partir do momento que você pinta um quadro ou preenche esta tela em branco, ela passa a representar algo específico.

O Canvas DI-Empatia é uma ferramenta de diagnóstico, e para que expresse esta finalidade, foi dividido em partes ou "blocos", como pode ser conferido na figura na próxima página.

Note que no alto de cada um dos Canvas eu deixei um espaço para você preencher com informações que podem ser relevantes e auxiliá-lo na sua organização. Estes campos estão destinados à área solicitante deste trabalho, o profissional que atuará como Designer Instrucional, e a demanda (muitas vezes, quando recebemos uma solicitação, já vem explícito: "Preciso de um treinamento de atendimento para os operadores do SAC") e também o prazo que você tem para este processo de Design.

Simbolizando o Design centrado no ser humano, o participante está no centro deste mapa. Note que no primeiro bloco (na parte superior, à esquerda) está o objetivo organizacional. Ele está nesta posição, pois, nós, ocidentais, escrevemos da esquerda para a direita e de cima para baixo. Então, seu cérebro vai procurar preencher este espaço, e assim estou lembrando-o o tempo todo que o objetivo organizacional é extremamente importante.

Na extremidade inferior à direita está o objetivo de aprendizagem. Ele está lá, pois, quando estamos lendo, é por esta posição que viramos a página de um livro. Assim, quero simbolizar que você só deve avançar se conseguir, como resultado de sua análise, escrever um objetivo de aprendizagem consistente.

---
15 Return on Investment ou Retorno do Investimento.

DI - Empatia

Area solicitante:
Demanda:
Designer Instrucional:
Prazo:

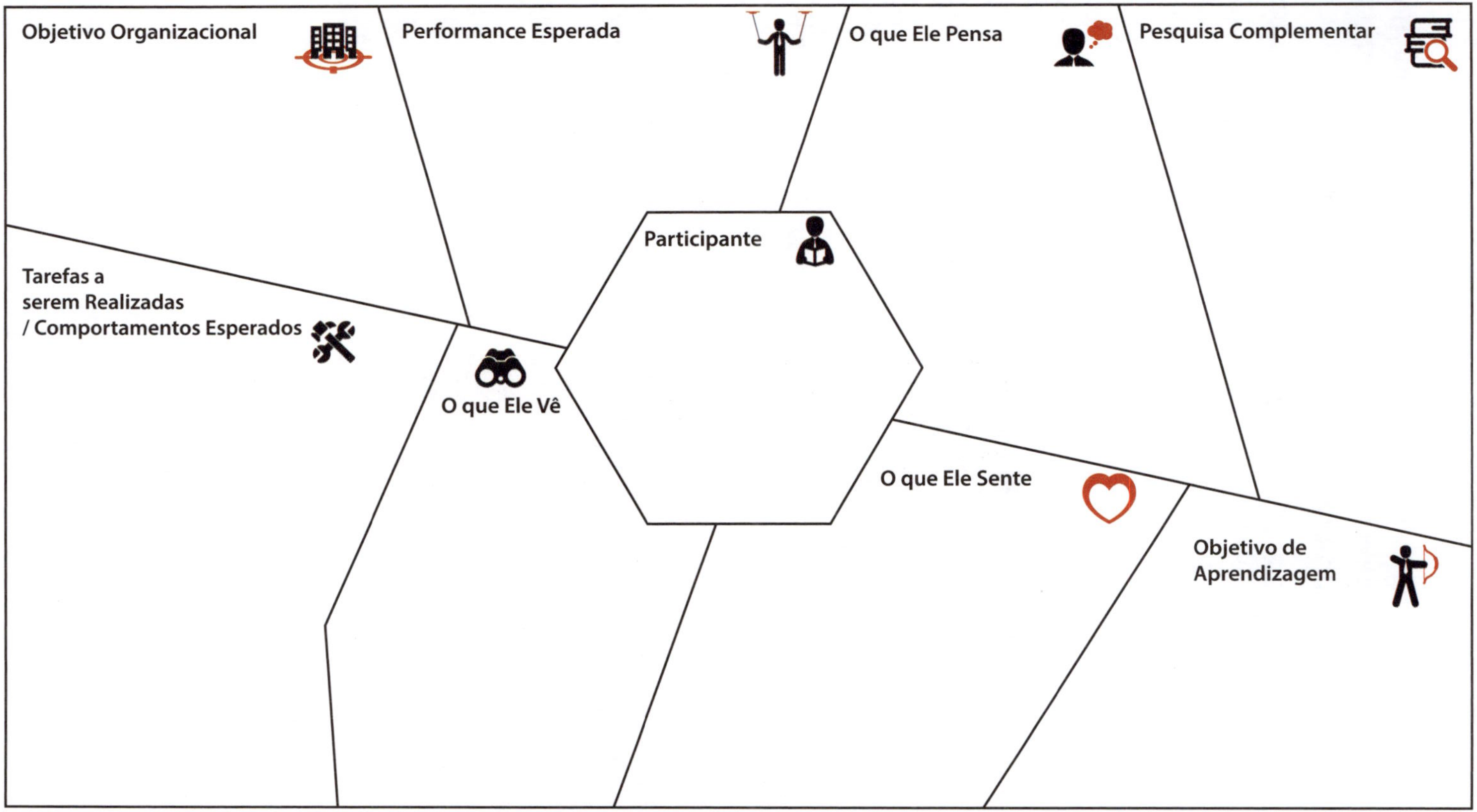

- Objetivo Organizacional
- Performance Esperada
- O que Ele Pensa
- Pesquisa Complementar
- Tarefas a serem Realizadas / Comportamentos Esperados
- Participante
- O que Ele Vê
- O que Ele Sente
- Objetivo de Aprendizagem

Metodologia Trahentem® de Design de Aprendizagem com uso de Canvas® - Desenvolvida por SG | www.canvastrahentem.com

Estes são os destaques que ofereço para sua reflexão e para que perceba que há uma lógica racional neste processo. Contudo, saiba que todos os blocos são igualmente importantes.

A seguir, você encontra o guia de significados de cada bloco, acompanhado de algumas perguntas que poderá fazer para encontrar as respostas que serão posicionadas em cada um deles, bem como alguns exemplos para facilitar a compreensão. Este guia é um apoio, e, como tal, sugiro que quando for executar o seu trabalho e preencher cada um dos Canvas, recorra a ele como apoio, isto é, tente trabalhar com o Canvas a partir de suas próprias perguntas.

OBJETIVO ORGANIZACIONAL

Este componente do Canvas reflete o objetivo organizacional que se pretende alcançar, ou impactar positivamente, por meio da solução de aprendizagem.

PERGUNTAS A FAZER

- Que necessidades do nosso negócio serão satisfeitas como resultado desta intervenção?
- Que impactos positivos em nossa empresa serão decorrentes desta solução de aprendizagem?
- Que objetivos da empresa estarão mais próximos de serem alcançados?

EXEMPLOS DE OBJETIVOS ORGANIZACIONAIS:

- Aumento de Market Share;
- Ser reconhecida como a empresa mais inovadora em seu segmento;
- Resultados organizacionais relacionados ao aumento de margens, volume de faturamento, etc.

PERFORMANCE ESPERADA

Este componente do Canvas investiga a performance que se espera como "padrão". É a partir dela que você calcula o GAP[16] de performance existente.

PERGUNTAS A FAZER

- O que é esperado que o colaborador entregue em termos de performance?
- Qual é o padrão de produtividade esperado nesta função?
- Qual é a relação esperada entre quantidade e qualidade de entrega?

EXEMPLOS DE PERFORMANCE:

- Tempo médio gasto na tratativa de uma reclamação;
- Taxa de conversão de vendas;
- Índice de refugo aceito em um processo produtivo.

---

16 Atraso relativo, disparidade ou descompasso entre o que se espera e o que está acontecendo em um dado momento.

PARTICIPANTE

Este componente do Canvas investiga a população a ser treinada, como é esta demografia, qual o perfil e localização geográfica.

PERGUNTAS A FAZER

- Quantas pessoas serão treinadas?
- Onde estas pessoas estão?
- Qual a faixa etária destas pessoas?
- Eles já receberam algum tipo de treinamento sobre este assunto anteriormente?
- Qual a média de tempo de casa destas pessoas?

EXEMPLOS DE PARTICIPANTES:

- Vendedores, média de cinco anos de casa, entre 26 e 48 anos, localizados em todo o território nacional, nunca foram treinados sobre este assunto.

TAREFAS A SEREM REALIZADAS/ COMPORTAMENTOS ESPERADOS

Este componente do Canvas busca identificar as tarefas que o colaborador deve realizar para demonstrar a performance esperada.

PERGUNTAS A FAZER

- O que este colaborador precisa fazer em seu dia a dia?
- Que comportamentos são evidências destas competências?
- Qual é a tarefa mais importante nesta função?
- O que este colaborador faz de principal?

EXEMPLOS DE TAREFAS:

- Operar uma prensa, diagramar slides, facilitar treinamentos.

O QUE ELE PENSA

Este componente do Canvas reflete o pensamento destas pessoas e, em geral, eles compartilham entre eles. Faça um exercício de empatia.

PERGUNTAS A FAZER

- Que motivação ele tem com base no que vê em seu ambiente?
- Que tipo de pensamento você teria se estivesse nesta posição?
- Como é a satisfação deles com o trabalho que executam?

EXEMPLOS DE PENSAMENTOS MANIFESTOS:

- A teoria, na prática é outra. Você não conhece meu chefe! Como posso fazer isso se meu computador trava o dia todo?

O QUE ELE SENTE

Este componente do Canvas reflete o sentimento destas pessoas quanto ao seu trabalho, a empresa e a liderança. Aqui você deve posicionar as **emoções**.

PERGUNTAS A FAZER

- Que tipo de sentimento este trabalho provoca?
- Como eles se sentem?
- Eles têm orgulho de executar esta função?
- Qual é o propósito de seu trabalho, que significado ele tem na sua vida?

EXEMPLOS DE SENTIMENTOS:

- Eu tenho orgulho do que faço. O propósito do meu trabalho é proporcionar momentos felizes aos clientes, por isso meu trabalho me faz feliz. Eu sinto medo, pois vejo demissões acontecendo. Eu tenho vergonha, pois sou repreendido na frente de todos.

O QUE ELE VÊ

Este componente do Canvas investiga o que acontece no ambiente onde os participantes estão e o que eles veem concretamente.

PERGUNTAS A FAZER

- Como você descreve o ambiente de trabalho destas pessoas?
- Todos os equipamentos e ferramentas de trabalho necessários estão disponíveis?
- Como é o clima na área onde eles trabalham?
- Que comportamentos observáveis se nota neste ambiente?

EXEMPLOS DE SITUAÇÕES:

- Falta de recursos, equipamentos quebrados ou desatualizados, feedback inadequado, pessoas doentes, pessoas felizes e bem humoradas.

PESQUISA

Este componente do Canvas deve indicar pesquisas complementares necessárias para se confirmar ou aprofundar a sua análise.

PERGUNTAS A FAZER

- Que tipo de *assessment* pode me ajudar a compreender melhor esta situação?
- É necessário se fazer algum tipo de acompanhamento de campo?
- Há relatórios que eu possa analisar para confirmar ou aprofundar minha percepção?

EXEMPLOS DE PESQUISA:

- *Focus group*, entrevistas individuais, acompanhamento de trabalho para análise de performance, acompanhamento de resultado de trabalho, relatórios de reclamações.

OBJETIVO DE APRENDIZAGEM

Este componente do Canvas deve conter o que se pretende alcançar como resultado desta solução de aprendizagem.

PERGUNTA A FAZER

- Quem vai fazer o que, utilizando quais recursos, com qual performance e em quanto tempo?

Se você não conseguir responder a esta pergunta com clareza, é provável que o GAP de performance existente não possa ser eliminado por meio de uma solução de aprendizagem.

EXEMPLO DE OBJETIVO DE APRENDIZAGEM ESPECÍFICO:

- Com a ajuda de planilhas, dados, informações sobre o cliente e material de apoio, o participante deverá criar uma proposta de venda que inclua no mínimo três gráficos e descreva como os benefícios do produto vão ao encontro das necessidades do cliente.

O TRAHENTEM® DI-TAREFAS E A SELEÇÃO DE CONTEÚDOS PARA A SUA SOLUÇÃO DE APRENDIZAGEM

Iniciar o trabalho com este Canvas significa assumir que você concluiu que uma solução de aprendizagem eliminará o GAP de performance ou problema existente. Neste ponto, você deve ter clareza dos objetivos de aprendizagem, pois são eles que definem os conteúdos ou conhecimentos a serem trabalhados em sua solução.

Pode acontecer de você encerrar o Canvas DI-Empatia com um objetivo ainda rudimentar. Se isso acontecer, o seu primeiro passo no Canvas DI-Tarefas será a lapidação de seu objetivo. Você provavelmente notou que no diagnóstico com esta ferramenta o grande ganho é o alinhamento entre os objetivos da organização, a performance que se espera de quem será treinado e a empatia que coloca esta pessoa no centro do processo de design.

Neste segundo Canvas, a chave está na construção de um objetivo específico que servirá de norte para a escolha dos conteúdos que serão trabalhados. Esta seleção é fundamental, uma vez que um dos maiores problemas na triagem dos conteúdos está relacionado ao volume que se tende a colocar em uma intervenção, transformando-a não em uma experiência de aprendizagem, e sim em uma sessão informativa aborrecida.

Conhecer o ambiente no qual esta solução de aprendizagem será implementada também é fundamental. Por essa razão, neste Canvas, você também deverá especificar detalhes sobre este ambiente que impactarão na sua escolha por métodos e meios de entrega tanto para os casos em que as soluções são presenciais quanto para os casos em que essas soluções serão virtuais ou à distância.

Quando uma solução de aprendizagem é construída pelo especialista em um determinado assunto, o risco é ainda maior. Em geral, tais pessoas amam sua área de atuação e, por isso, tendem a querer colocar tudo o que sabem em uma única intervenção. Quando isso acontece, em geral, o olhar que está sendo utilizado na construção é o de quem ensina, e não de quem aprende.

Quem precisa aprender, quer aprender sobre aquilo que será útil em sua vida e não sobre tudo o que um especialista sabe. Pense em você quando quer preparar um jantar especial e deseja surpreender com uma sobremesa diferente. Na hora de executar a receita, você precisa saber como empregar os ingredientes, e não a história de cada um deles, seu valor nutricional e benefícios funcionais. É claro que tudo isso é interessante, mas essas informações não vão ajudar você a acertar o ponto, entender a textura ou adicionar cada um dos ingredientes na ordem mais apropriada.

De maneira resumida, escolher bem os conteúdos significa ir na essencialidade de cada um tendo em mente o participante. Pense no momento em que ele vai precisar deste conhecimento e na maneira como vai aplicá-lo. Isso vai ajudá-lo a entender melhor o que ele precisa saber, e como consequência você terá mais sucesso.

Este segundo passo da metodologia (DI-Tarefas) nada mais é do que uma análise do que deve ser realizado pelo participante para que ele atinja a performance esperada. Este mapa montado vai mostrar a você, em uma única imagem, uma visão geral das tarefas que esta pessoa executa em sua rotina e quais os conhecimentos necessários para a execução de cada uma delas.

Ao trabalhar com este Canvas, procure envolver, sempre que possível, pessoas que apresentam a performance esperada e aqueles que conhecem com profundidade o que deve ser feito. Dessa forma, você poderá vislumbrar qual a abrangência da solução a ser criada. Assim, estamos exercitando a segunda característica da metodologia, a colaboração. Lembra-se da frase que introduz esta característica? "Todo ponto de vista é a vista de um ponto". Quanto mais pessoas envolvidas neste processo com o Canvas DI-Tarefas, mais completa será esta fotografia da vida real das pessoas que precisam aprender.

O Canvas DI-Tarefas

O Canvas DI-Tarefas é uma ferramenta de análise de tarefas ou competências e comportamentos esperados como mostra a figura a seguir. Convidei você a não se prender à semântica, para que trabalhe livremente com esta metodologia, e este é um bom momento para eu reforçar isso.

Área solicitante:

Demanda:

Designer Instrucional:

Prazo:

DI- Tarefas

Quem vai fazer o que com qual Performance em quanto tempo?

Tarefas

Em que ambiente será feito o Treinamento?

Tarefa	Conhecimentos
Tarefa	Conhecimentos
Tarefa	Conhecimentos
Tarefa	Conhecimentos

Tarefa	Conhecimentos
Tarefa	Conhecimentos
Tarefa	Conhecimentos
Tarefa	Conhecimentos

Metodologia Trahentem® de Design de Aprendizagem com uso de Canvas® - Desenvolvida por SG | www.canvastrahentem.com

É comum pensarmos que tarefa é algo concreto, ou seja, está relacionado com hard skills, e que quando trabalhamos com comportamentos ou soft skills, o processo é mais complicado. Não se deixe enganar. Trabalhar com comportamentos significa buscar evidências da expressão de uma competência.

Vou utilizar um exemplo bastante simples para eliminar qualquer dúvida que possa surgir neste sentido. Imagine que entre as competências de um determinado nível de liderança você encontre algo como "Desenvolver Pessoas". Se este for o caso, pode ser que na descrição desta competência esteja algo como:

- Acompanha a execução do trabalho de sua equipe, identifica GAPs de performance, oferece feedback e se prontifica para auxiliar na eliminação deste GAP.

Fica claro que uma das tarefas deste líder é oferecer feedback e para que ele realize este processo há conhecimentos específicos que são necessários. Faça esse exercício quando for montar o seu DI-Tarefas, independente de sua demanda estar relacionada com Hard Skills ou Soft Skills. Confira a distribuição deste Canvas na figura da página anterior.

O Objetivo de Aprendizagem que estava no canto inferior direito do mapa anterior aparece agora no canto superior esquerdo. Você vai transpor o objetivo para cá, só que agora você deve se debruçar sobre o formato deste objetivo, deixando-o claro, específico e mensurável.

Logo abaixo você encontra o bloco no qual deverá colocar todas as informações sobre o local que sejam relevantes para o design. Localização geográfica, constrições impostas pela localização, informações sobre a infraestrutura disponível e outras que considerar importantes.

No bloco superior à direita você colocará as tarefas que descobriu durante o diagnóstico e, quando necessário, acrescentará outras que sejam identificadas durante este processo.

Você notará nesta imagem que a parte inferior é um desdobramento da parte superior. Deslize para a parte de baixo, cada uma das tarefas em um dos novos blocos no espaço que se propõe a este fim, ou, se preferir, duplique cada uma delas no espaço correspondente.

Agora você tem um bloco para cada tarefa que será preenchido com o passo a passo para sua realização ou os conhecimentos necessários para se realizar a tarefa. A seguir, você encontra o guia de significados de cada bloco do DI-Tarefas no mesmo formato que viu anteriormente quando apresentei os blocos do DI-Empatia.

OBJETIVO DE APRENDIZAGEM

Este componente do Canvas deve refletir o objetivo específico. Utilize o modelo de Robert Mager, Benjamin Bloom[17] ou outro de sua preferência.

PERGUNTAS A FAZER

- Que evidências nos garantirão que estes conhecimentos estão sendo transferidos para a prática?
- O que a pessoa precisa fazer para transferir o que aprendeu para a prática?
- Que comportamentos observáveis são evidências do desenvolvimento desta competência?

EXEMPLOS DE OBJETIVO DE APRENDIZAGEM:

- De acordo com um perfil de cliente estabelecido e situação definida, o participante deverá conduzir um diálogo de atendimento em que os comportamentos esperados para fidelização sejam demonstrados.

---

17 Autores responsáveis pelas principais referências teóricas sobre a construção de objetivos de aprendizagem. Na bibliografia você encontra leituras para se aprofundar neste assunto.

AMBIENTE

Este componente do Canvas deve refletir a definição quanto ao local. Caso seja necessário ter algum equipamento específico presente, verifique a disponibilidade.

PERGUNTAS A FAZER

- Em que local será realizado o treinamento?
- Como são as instalações deste local?
- Quais recursos tecnológicos temos disponíveis?
- Que plataformas podem ser utilizadas?
- Como é o acesso para este local?
- Como é a conectividade e os equipamentos que os participantes terão disponíveis?

EXEMPLOS DE LOCAL:

- Sala com computadores (um por aluno), software "X", na versão "Y", acesso à internet restrito, iPads com 4G (um por aluno).

TAREFA

Este componente do Canvas deve conter a tarefa a ser executada. Uma tarefa sempre deriva de um resultado principal esperado dentro de um determinado posto de trabalho. Em geral, as tarefas possuem passos para sua execução, aos quais se associam conhecimentos específicos para que possam ser realizados.

PERGUNTAS A FAZER

- Que tarefas um colaborador nesta posição precisa executar?
- Qual é o produto final observável do trabalho desta pessoa?
- O que a pessoa faz em sua rotina?

É possível que estas tarefas sejam, na verdade, comportamentos. Nesse caso, ajuste as perguntas.
- De que maneira esta pessoa demonstra impacto e influência?
- Como observamos que este profissional tem responsabilidade pela excelência?

EXEMPLOS DE TAREFA:
- Customiza efetivamente sua abordagem baseada em feedback. Resolve problemas de contestação de fatura em até 48 horas a partir da abertura do chamado de acordo com a norma 8.362.

CONHECIMENTO
Este componente do Canvas ajuda você a listar os conhecimentos essenciais para que os participantes executem a tarefa.

PERGUNTAS A FAZER
- O que uma pessoa precisa saber fazer para realizar esta tarefa?
- Há algum documento no qual o procedimento desta tarefa esteja descrito?
- Onde este processo está documentado?
- É necessário um conhecimento específico para executar este trabalho?

EXEMPLOS DE CONHECIMENTO:
- Os sete comportamentos que fidelizam clientes. Comunicação não violenta, taxonomia de Bloom.

O TRAHENTEM® DI-ROPES E A CRIAÇÃO DOS MÓDULOS DE TREINAMENTO

Este Canvas funciona como um acelerador na criação de soluções de aprendizagem e também como um catalisador da aprendizagem.

Vou retomar alguns aspectos importantes para que a aprendizagem aconteça, pense sobre cada um deles e na maneira como você trabalha com cada um durante a criação de um módulo de treinamento.

- Como o adulto aprende;
- Estilos de aprendizagem ou estilos de aprendiz;
- Andragogia;
- Heutagogia;
- Processos psicológicos de aprendizagem.

É possível que eu tenha provocado em você um pensamento do tipo: "Mas isso é óbvio!". E é mesmo. Muitos Designers Instrucionais experientes empregam tudo isso no desenvolvimento de suas soluções de aprendizagem. Entretanto, o problema é quando ele encontra constrições que são muito frequentes, como prazos e recursos limitados para a execução de seu trabalho.

É também muito comum que os responsáveis pela construção das Soluções de Aprendizagem sejam profissionais que nunca tiveram chance de se aprofundar em disciplinas que abordam a maneira como aprendemos. Os cursos de pós-graduação e especialização em Design Instrucional são relativamente recentes no Brasil e muitos deles chegaram com o advento do ensino a distância, focados nesta modalidade.

Na vida real, há também que se considerar os especialistas que trabalham em grandes organizações e exercem o papel de educadores inúmeras vezes. Além de desempenharem suas funções como engenheiros, contadores, administradores, mecânicos e operadores de máquinas eles também são instrutores e ensinam o que sabem para outras pessoas. O impacto positivo que esses profissionais podem causar é imenso. Quantitativamente, eles já são, hoje, os responsáveis pela maioria das soluções de aprendizagem entregues nas organizações. Ao ajudá-los a transformar suas intervenções em sessões nas quais o aprendizado acontece e se transfere, estamos elevando o resultado qualitativo. E é também para eles que esta metodologia nasceu.

A seguir, vou apresentar alguns dos aspectos que foram considerados na criação desta ferramenta para que, à luz da teoria disponível, você saiba de onde veio o raciocínio que resultou no Canvas DI-ROPES.

Nossos sentidos são responsáveis pela nossa percepção do mundo que nos cerca e é a partir desta percepção que processamos tudo o que chega até nós, incluindo as informações e conhecimentos que buscamos adquirir. Entretanto, estamos mergulhados em um mar de estímulos e, para nossa sobrevivência, possuímos filtros que permitem a hierarquização destes estímulos em função de sua importância em cada situação.

Muitas das soluções de aprendizagem priorizam apenas um dos sentidos; com isso, muito do que recebemos não permanece de maneira duradoura. Possuímos duas memórias principais com as quais trabalhamos para aprender algo, a Memória de Trabalho e a nossa Memória de Longo Prazo. Quando aprendemos algo e a permanência deste aprendizado não é apenas momentânea, este aprendizado é armazenado em nossa Memória de Longo Prazo.

Para ajudar alguém a aprender, é preciso organizar de maneira sistemática e intencional o que precisa ser aprendido de modo a favorecer este processo. A figura a seguir ilustra os principais aspectos deste processo.

A figura na página anterior oferece uma visão geral de como funcionam os processos psicológicos de aprendizagem. O primeiro passo é manter a atenção de quem vai aprender, e como somos adultos, só prestamos atenção naquilo que queremos e percebemos sua utilidade. Em seguida, é necessário favorecer as conexões entre o que já conhecemos e o que vamos aprender.

O próximo passo é a gerência da área cognitiva, essencial para o sucesso deste processo. Pense em nossa memória de curto prazo como um recipiente com quatro slots ou espaços para serem preenchidos. Estes espaços lotam rapidamente e de nada adianta "derramar" mais conteúdo num espaço lotado. Isso quer dizer que precisamos trabalhar com blocos de conhecimento, de nada adianta oferecer uma grande quantidade de informação, pois ela não será armazenada.

A permanência de um aprendizado depende de seu armazenamento na Memória de Longo Prazo, de tal modo que sejamos capazes de recuperar este conhecimento para colocá-lo em prática. Este armazenamento ocorre quando promovemos ensaios que permitam sua codificação. Uma vez armazenado, é preciso promover a prática da recuperação daquilo que foi aprendido. Assim, quando o participante voltar para o local de trabalho, saberá recuperar o que precisa para colocar em prática o aprendizado.

É necessário dividirmos ou quebrarmos em partes pequenas o conhecimento a ser adquirido, e a cada pequena parte devemos promover ações que favoreçam os processos psicológicos de aprendizagem. Ainda que uma sessão de treinamento tenha dez minutos, todos esses passos devem ser percorridos.

Robert Gagné é considerado um dos principais pesquisadores que contribuíram para o sistema de design de aprendizagem e treinamentos. Ele descreve em sua obra nove eventos que são amplamente reconhecidos. Este modelo é importante, pois cada um dos eventos sustenta um ou mais processos psicológicos de aprendizagem. O modelo norte americano ROPES, que significa cordas em inglês, é uma simplificação dos nove eventos de Gagné e também sustenta um ou mais processos psicológicos de aprendizagem. A figura a seguir apresenta esta correlação.

PROCESSOS PSICOLÓGICOS DE APRENDIZAGEM	EVENTOS DE APRENDIZAGEM - GAGNÉ	MODELO ROPES
MANTER A ATENÇÃO	CHAMAR ATENÇÃO	REVISÃO
	INFORMAR OBJETIVOS	
ATIVAR O CONHECIMENTO PRÉVIO	ESTIMULAR A RECUPERAÇÃO DO CONHECIMENTO PRÉVIO	VISÃO GERAL DO CONTEÚDO
GERENCIAR A ÁREA COGNITIVA	APRESENTAÇÃO DE CONTEÚDO	APRESENTAÇÃO
	OFERECER ORIENTAÇÃO NA APRENDIZAGEM	
PROMOVER ENSAIOS E CODIFICAÇÕES NA MLP	PROVAR A ATUAÇÃO	EXERCÍCIOS
	OFERECER *FEEDBACK*	
	AVALIAR A PERFORMANCE	
PRATICAR A RECUPERAÇÃO	AUMENTAR A RETENÇÃO DE APLICAÇÃO DO APRENDIZADO NO DIA A DIA	RESUMO

O Canvas DI-ROPES

O Canvas DI-ROPES trabalha com o modelo norte-americano, guiando você na construção dos módulos que constituirão sua solução de aprendizagem de maneira simples e efetiva. É nele que você vai trabalhar cada um dos conhecimentos no DI-Tarefas.

Ao utilizar o método norte-americano é possível assegurar que os processos psicológicos de aprendizagem estão sendo contemplados. Cada conhecimento (ou conjunto de conhecimentos) se transforma em um módulo dentro de sua solução de aprendizagem, facilitando a criação de uma experiência de aprendizagem completa.

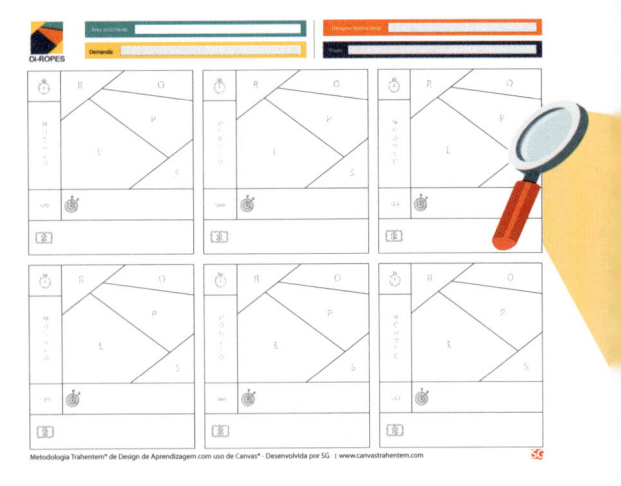

Este Canvas é uma ferramenta para o Design que funciona de maneira integrada ao desenvolvimento, pois, ao término de sua utilização, você terá a visão geral de tudo o que precisa ser produzido. Você vai notar, na figura a seguir, que os módulos se repetem. O número de módulos varia de uma solução de aprendizagem para outra, não há uma quantidade mínima ou máxima de módulos, tudo depende do objetivo de aprendizagem e do que você encontrou no DI-Tarefas.

O processo de design, ou seja, a organização encadeada e intencional de conteúdos será muito mais fácil a partir desta imagem única. Mais adiante, você vai encontrar uma tabela que pode facilitar a escolha das metodologias que utilizará em função do tipo de conhecimento que precisa ser aprendido.

Assim como no Canvas DI-Empatia e no DI-Tarefas, o DI-ROPES também tem um espaço para informações sobre o Design (demanda, prazo, designer e área solicitante). Apesar de parecer redundante manter esta informação em todos, como você tem liberdade para utilizar qualquer um deles de maneira independente, essas informações podem ser úteis.

Em cada módulo deste Canvas você encontra tudo o que precisa para desenvolver uma solução de aprendizagem centrada no participante e focada na performance dele. No início de cada um deles você tem o símbolo de um relógio para que você registre quanto tempo tem (ou precisa) para trabalhar este assunto. Logo abaixo desse símbolo você colocará o nome do módulo. Em seguida, você deve escrever o objetivo específico do módulo. Dessa maneira, o foco será mantido durante todo o desenvolvimento.

Os espaços "sala" e "recursos" serão preenchidos à medida que você definir como trabalhará o conteúdo neste módulo, pois eles dependem do tipo de atividade que você fará.

O tamanho de cada bloco neste Canvas é algo muito importante, pois o tamanho está relacionado à proporção de tempo que você deve investir em cada fase do ROPES.

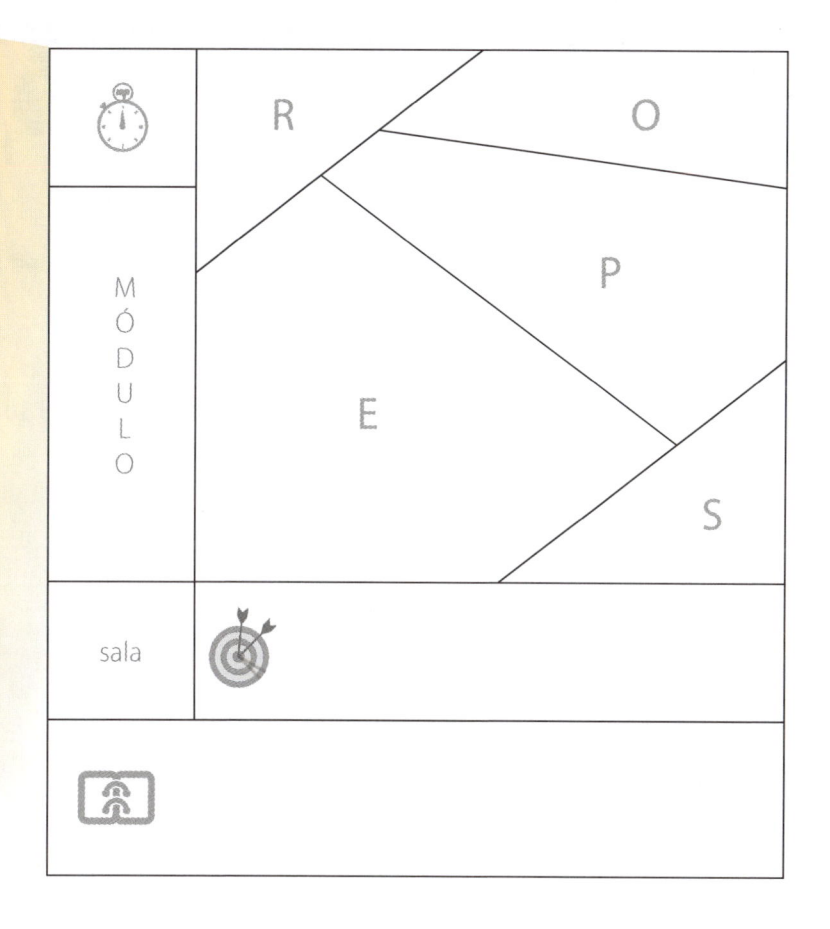

R	Review (revisão)	5 a 10%
O	Overview (Visão Geral)	10 a 15%
P	Presentation (Apresentação)	25 a 35%
E	Exercise (Exercícios)	35 a 50%
S	Summary (Resumo)	5 a 10%

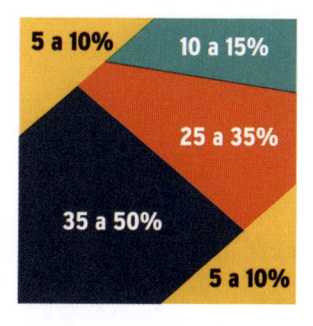

A seguir, você encontra o guia de significados de cada bloco do DI-ROPES, no mesmo formato que viu anteriormente, quando apresentei os demais.

TEMPO

Este componente do Canvas ajuda você a organizar a distribuição do tempo em sua solução de aprendizagem. O tempo investido em cada módulo depende da relevância do mesmo no contexto da solução de aprendizagem, de sua complexidade e profundidade.

PERGUNTAS A FAZER

- Quanto tempo é necessário para trabalhar este assunto no grau de complexidade que vamos abordar?
- Dado o tipo de conhecimento que será trabalhado, quanto tempo precisarei para exercícios?
- Dentro do contexto geral desta solução de aprendizagem, quanto tempo posso investir neste assunto?

DICAS:

- Um módulo pode durar 15 minutos ou horas. Esta é a duração do módulo! Este tempo será posteriormente subdividido proporcionalmente de acordo com o ROPES.

MÓDULO

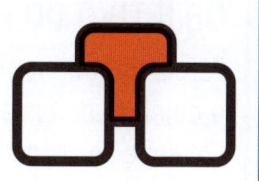

Este componente do Canvas ajuda você a organizar suas ideias em torno de um conceito. Em cada módulo você deve trabalhar com apenas um conceito central.

PERGUNTAS A FAZER
- Qual é o tema principal deste módulo?
- Que conhecimento será abordado?
- Que tarefa e que passos de execução serão trabalhados neste momento?

EXEMPLOS DE MÓDULO:
- Preparação para o módulo presencial, como o adulto aprende, objetivos de aprendizagem.

SALA

Este componente do Canvas tem a função de facilitar a visão geral do formato de sala mais adequado em cada momento da intervenção. Se esta não for presencial, ajuda você a escolher a tecnologia escolhida.

ANALISE O ROPES
- Não se preocupe com perguntas a fazer. O formato de sala será consequência do tipo de atividades que você escolher durante a construção do ROPES. Esteja atento apenas para o tamanho dos grupos, quando houver.

EXEMPLOS DE FORMATO DE SALA:
- Grupos com mesas redondas, duplas formadas por cadeiras frente a frente, círculo, mesas em formato de "U".

OBJETIVO DO MÓDULO

Este componente do Canvas ajuda você a estabelecer o objetivo de aprendizagem que será trabalhado. Ele deve ser específico. Lembre-se de utilizar verbos adequados para cada nível cognitivo.

PERGUNTAS A FAZER

- O que os participantes farão como resultado do aprendizado sobre este assunto?
- O que ele vai ser capaz de fazer a partir da aquisição deste conhecimento?

EXEMPLOS DE OBJETIVO:

- Identificar os principais assuntos que serão abordados durante o treinamento presencial e preparar-se para o melhor aproveitamento das atividades em classe;
- Explicar o processo de aprendizagem de adultos, citar as três principais teorias de aprendizagem e descrever os nove eventos de Gagné;
- Escrever objetivos de aprendizagem completos, baseados em ações e comportamentos observáveis

RECURSOS

Este componente do Canvas deriva das atividades e metodologias escolhidas na criação do ROPES. Nele, você coloca todos os recursos e materiais que vai precisar produzir ou solicitar.

ANALISE O ROPES

- Ao terminar de montar o ROPES, analise cada etapa e adicione aqui o recurso que vai precisar para a condução do método escolhido.

EXEMPLOS DE RECURSOS:

- Assessments individuais, Guia do Participante ou Apostila, Flip-Chart, canetas coloridas, bexigas, jogos.

R

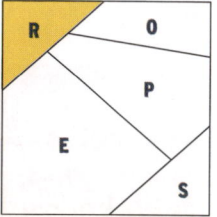

REVIEW

Este componente do Canvas representa o "R" do ROPES. Nele, você vai colocar o que vai fazer, ou seja, que método vai utilizar para conduzir uma breve revisão do que será apresentado e investigar o que os participantes conhecem sobre o assunto.

ALGUMAS OPÇÕES

- Utilize perguntas;
- Jogue com dados "starters para sessões de treinamento";
- Crie um jogo;
- Utilize imagens para promover um breve storytelling.

Percentual de tempo investido nesta etapa de cada módulo: 5 a 10% do tempo total.

O

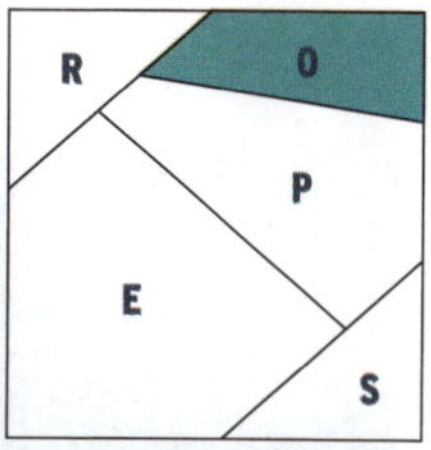

OVERVIEW

Este componente do Canvas representa o "O" do ROPES. Nele, você irá colocar os métodos que utilizará para estabelecer uma conexão entre os participantes e o conteúdo abordado, engajando-os e motivando-os.

ALGUMAS OPÇÕES

- Apresente objetivos de aprendizagem relevantes;
- Conduza uma sessão de brainstorming sobre os ganhos com o aprendizado deste conteúdo;
- Trabalhe estatísticas relevantes ligadas ao aprendizado contido nesta solução de aprendizagem.

Percentual de tempo investido nesta etapa de cada módulo: 10 a 15% do tempo total.

P

PRESENTATION

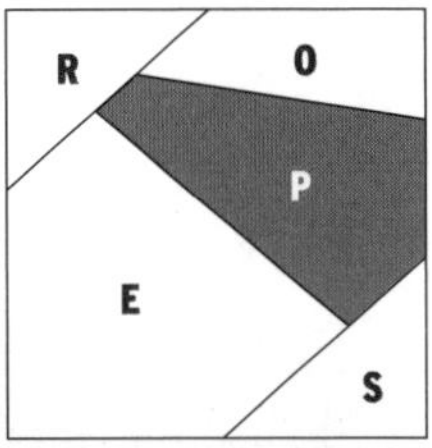

Este componente do Canvas representa o "P" do ROPES. Aqui você especifica como apresentará o conteúdo aos participantes de forma a ajudá-los a reter a informação. **Cuidado:** isso não implica na utilização de palestras como método de aprendizado.

ALGUMAS OPÇÕES

- Teach-back ou quebra-cabeças de aprendizagem;
- Explanação dialogada;
- Discussões em grupos seguidas de plenária;
- Vídeos seguidos de discussão.

Percentual de tempo investido nesta etapa de cada módulo: 25 a 35% do tempo total.

E

EXERCISE

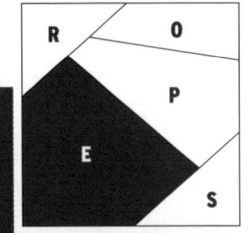

Este componente do Canvas representa o "E" do ROPES. Aqui você indica de que forma os participantes protagonizarão seu aprendizado.

ALGUMAS OPÇÕES

- Cases;
- Simulações;
- Role Play;
- Atividades gamificadas;
- Solução de problemas;
- Prototipagem.

Percentual de tempo investido nesta etapa de cada módulo: 35 a 50% do tempo total.

S

SUMMARY

Este componente do Canvas representa o "S" do ROPES. É hora de contribuir com a retenção do que foi aprendido

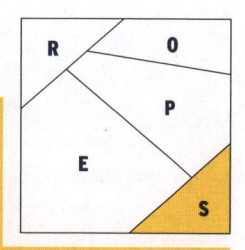

ALGUMAS OPÇÕES

- Rodada de perguntas específicas com uso de competição;
- Storytelling;
- Desafio com testes e correção entre grupos.

Percentual de tempo investido nesta etapa de cada módulo: 5 a 10% do tempo total.

A esta altura imagino que você já saiba tudo o que é essencial para o uso desta ferramenta. Vamos então ao que interessa: a prática!

CAPÍTULO 7

**A FERRAMENTA
NA PRÁTICA**

A FERRAMENTA
NA PRÁTICA

Ao escrever este livro eu pensei e repensei sobre a maneira de entregar este conteúdo a você. Não queria que ele fosse um livro texto tão volumoso a ponto de desestimular sua leitura. Desejava justamente o contrário.

Procurei encontrar um meio-termo que me permitisse oferecer a você informações essenciais para que consiga utilizar a ferramenta e aprenda fazendo. No entanto, este é um livro sobre design de aprendizagem e, por essa razão, decidi incluir um modelo que facilite a visualização do que está explicado nas páginas deste livro.

Você pode escolher analisar este modelo ou simplesmente ler sobre as melhores práticas e mergulhar em uma demanda que tenha neste exato momento. Se eu estivesse em seu lugar, escolheria experimentar construindo sobre uma necessidade real e, se necessário, voltaria ao modelo para esclarecer eventuais dúvidas. Mas este é o meu estilo de aprendizagem.

Sinta-se livre para trilhar o caminho que parece melhor para você. Se optar por analisar o modelo antes, tenha cuidado com o *efeito Einstellung,* que abordei anteriormente. Lembre-se, seu cérebro tentará resolver novos problemas percorrendo caminhos antigos e é justamente isso que não queremos.

MATERIAIS QUE VOCÊ VAI PRECISAR

Para utilizar a Metodologia Trahentem® você vai precisar imprimir pôsteres dos Canvas que for utilizar[18] e também alguns materiais básicos:

- Pôsteres dos Canvas DI-Empatia, DI-Tarefas e DI-ROPES;
- Fita crepe para posicionar os Canvas na parede;
- Post-its ou equivalente em tamanho médio;
- Canetas com ponta grossa para escrever nos Post-its;
- Guia com significado dos blocos (que você encontra neste livro), caso precise de apoio para lembrar-se de cada um deles;
- Equipe multidisciplinar (se possível) especialmente para o trabalho com o DI-Empatia e o DI-Tarefas.

A disposição dos Canvas na parede depende da sua disponibilidade de sala. O ideal é manter na parede os pôsteres que for utilizar, para facilitar o seu manuseio. Se espaço é uma limitação, utilize um de cada vez. Conforme for avançando, vá substituindo os pôsteres.

A seguir você encontra as especificações das impressões no formato que eu costumo fazer, o qual é muito prático, pois acomoda o tamanho e quantidade de post-its. Nesta especificação, o papel indicado é o sulfite. Inicie com impressões de sulfite para experimentar a aderência da ferramenta à sua realidade e se você, assim como eu, utilizar a ferramenta com muita frequência, imprima em lona de banner para aumentar a durabilidade.

TRAHENTEM® - ESPECIFICAÇÃO DE IMPRESSÃO PARA OS CANVAS				
CANVAS	PAPEL	GRAMATURA	CORES	TAMANHO
DI-Empatia	Sulfite	120g	4/0	130 x 89,5 cm
DI-Tarefas	Sulfite	120g	4/0	130 x 89,5 cm
DI-ROPES	Sulfite	120g	4/0	140 x 112 cm

---

18 Acesse http://www.canvastrahentem.com para fazer o download gratuito dos arquivos para impressão

PREPARANDO O CENÁRIO

Envolva as pessoas certas em cada momento: convide os stakeholders certos para cada etapa e ofereça uma visão geral do que será feito neste encontro. Uma reunião de diagnóstico ideal tem duração de uma a duas horas. Se passar desse tempo, significa que o grupo está desviando do conceito central do encontro. Você, como organizador, deve manter o foco.

O impacto do local: sempre que possível, escolha uma sala agradável para as reuniões, preferencialmente um local com luz natural e ambiente agradável. Uma boa música e jogos espalhados na sala podem ajudar a quebrar o pensamento convencional. Mantenha uma mesa de apoio perto dos pôsteres com post-its e canetas e evite que o grupo permaneça sentado. A movimentação ajuda no processo de oxigenação do cérebro e também facilita a alternância entre os modos de pensamento focado e difuso.

AS CARACTERÍSTICAS DA FERRAMENTA GUIAM SUA UTILIZAÇÃO E ESTABELECEM AS MELHORES PRÁTICAS

VISUAL
- Cada bloco ou elemento do Canvas deve ser preenchido com post-its.
- Escreva sempre uma única ideia em cada post-it.
  Isso facilita a mobilidade, que é um dos principais ganhos da ferramenta.
- Procure trabalhar com uma única cor, a menos que deseje dar destaque para uma informação específica. Utilizar cores para codificar pode ser uma boa ideia, desde que o critério de codificação esteja claro para todos; caso contrário, só irá causar confusão visual.

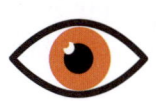

COLABORATIVA

- Convide pessoas que possam contribuir com a visão do todo.
- Garanta a participação de todos e esteja aberto para receber ideias diferentes das suas. Estamos trabalhando com post-its! Nada é definitivo, acolham as ideias e depois avaliem para validar.
- Mantenha o ambiente favorável para que as pessoas queiram contribuir e sintam que suas ideias são bem-vindas.

INVESTIGATIVA

- Faça uso de perguntas que permitam investigar as possíveis respostas.
- Explore possibilidades diferentes, não se prenda às aparências, muitas vezes descobrimos que a realidade é bem diferente do que imaginamos.
- Exercite a empatia. Quando você não conseguir obter respostas diretas das pessoas que serão treinadas, coloque-se no lugar delas.
- Vá ao local de trabalho de quem vai ser treinado sempre que possível e observe o ambiente. Procure evidências para entender como é a rotina das pessoas para quem o design está sendo feito.
- Certifique-se de que uma solução de aprendizagem é necessária antes de avançar.

PROPOSITIVA

- Proponha alternativas de solução de aprendizagem diferentes.
- Não tenha medo de inovar, mantenha o foco no objetivo de aprendizagem e busque soluções que outros ainda não imaginaram.
- Mantenha-se atualizado e bem informado.

EXPERIMENTAL

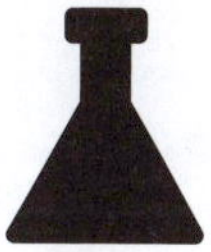

- Mantenha o pensamento aberto.
- Encontre maneiras de quebrar o pensamento convencional.
- Faça protótipos das várias soluções que imaginar utilizando o DI-ROPES.
- Compare os protótipos aos objetivos de aprendizagem e escolha o que melhor atende aos objetivos.

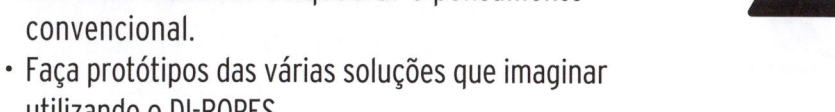

ÁGIL

- Agilidade é essencial durante todo o processo e esta é uma característica positiva da ferramenta que será especialmente explorada no DI-ROPES.
- Se ao desenhar uma solução você sabe exatamente o que vai fazer lá pelo meio dela no módulo "X", mas não tem ideia ainda de como vai começar, vá em frente! Desenhe o módulo "X" e volte ao início depois.
- Movimente os módulos de lugar até encontrar o melhor encadeamento de conteúdos.

SIMPLES

- Mantenha a simplicidade. Escreva de maneira resumida nos post-its.
- Se possível, desenhe nos post-its para expressar suas ideias.
- Esta ferramenta não é a solução pronta, é o seu mapa, a sua visão geral. Quanto mais simples, melhor!

DICAS

NÃO ESCREVA NO CANVAS
Utilize sempre *post-its* para descrever suas ideias. Assim, elas ficarão móveis e flexíveis. Não utilize *bullets* nos *post-its*, expresse em cada um uma única ideia

NÃO PENSE DEMAIS
Esta ferramenta visa produzir ideias. Não utilize filtros para escrever. Quando o Canvas estiver pronto, analise a coerência e elimine os elementos que não considere relevantes.

DICA DE OURO
Coloque-se no lugar do outro!

MODELO BASEADO EM CASE

O case que vou apresentar como modelo é sobre uma empresa que atravessa um momento difícil e precisa treinar seus atendentes. Você vai conhecer a Pizzaria Távola, que foi fundada por Luigi Piemonte, e, em seguida, vamos utilizar o Canvas Trahentem® para fazer o Design de uma solução de aprendizagem para ela.

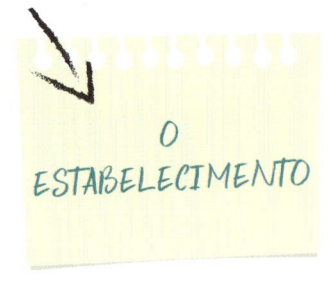

> **O ESTABELECIMENTO**
>
> A Pizzaria Távola foi fundada há cinco anos. Ela possui uma área muito agradável e sua estrutura física parece um *lounge* rústico muito bem decorado. Seu proprietário, o Sr. Luigi Piemonte, foi muito cuidadoso com o ambiente e fez questão que todas as mesas fossem redondas.

O sonho do fundador é oferecer a pizza mais bem servida no lugar mais gostoso de se ficar, fidelizando seus clientes de tal maneira, que os atendentes saibam não só o nome, mas também as preferências de cada um. Para favorecer este processo, Luigi estudou muito sobre fidelização de clientes e definiu os sete comportamentos que fidelizam clientes. Ele também listou, de acordo com os seus estudos, os seis erros mais comuns cometidos no atendimento a clientes. Ele espera que todos atendam em conformidade com esses comportamentos e evitem os erros comuns no processo de atendimento.

O Sr. LUIGI

O Sr. Luigi tem 64 anos. Italiano, foi executivo de uma multinacional e sempre gostou de gastronomia. Quando tinha 49 anos, passou por uma fase de questionamento e, profundamente incomodado com a ausência de prazer em seu trabalho e visitas frequentes ao cardiologista em função de estresse, decidiu que era tempo de mudar de vida.

Depois de um ano redefinindo seu propósito, decidiu abrir a Távola e agora, com a situação atual, está muito triste.

O CENÁRIO HOJE

Localizada em um bairro agradável de sua cidade, a Pizzaria Távola é um local atraente para diversos públicos e concorre com outras pizzarias da região. Assim como os demais estabelecimentos do bairro, o Sr. Luigi tem sentido o reflexo da economia que diminuiu o número de frequentadores e a frequência média de cada cliente no mês.

Com isso, o Sr. Luigi precisou demitir alguns funcionários mais antigos e priorizou manter aqueles cuja remuneração é mais baixa, e são também os mais jovens. Ele reuniu os que permaneceram e tranquilizou a todos, informando que não haveriam mais demissões, e pediu o comprometimento de todos para que juntos possam transformar a Pizzaria Távola na mais desejada pelos clientes. Apesar desta transparência, nem todos os funcionários acreditaram, alguns temem por seus empregos. Os 30 atendentes (em todas as posições) que permaneceram na pizzaria tem entre 25 a 38 anos e trabalham lá, em média, há 4 anos. Alguns deles estudam no período da manhã e se esforçam para pagar os seus estudos.

Luigi está tenso e tem observado que os erros mais comuns no atendimento a clientes têm acontecido. Embora o orçamento esteja apertado, ele resolve treinar a sua equipe e chama você para ajudar. Ele tem certeza que um treinamento de sensibilização com foco motivacional resolverá o seu problema e capacitará a equipe para fidelizar os clientes. Ele sugeriu, inclusive, que você o ajude na criação de uma pequena cartilha com foco nos sete comportamentos que fidelizam e nos seis erros mais comuns a serem evitados, a fim de lembrar aquilo que os atendentes já sabem, pois aprenderam com os mais velhos.

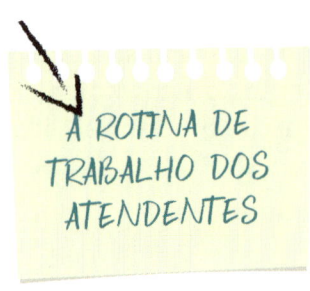

A ROTINA DE TRABALHO DOS ATENDENTES

- Organização dos serviços (louças, copos e taças, talheres, toalhas, guardanapos, etc.);
- Reposição dos acessórios (azeite, sal, etc.);
- Remessa para lavanderia e seus controles;
- Solicitação de higienização dos acessórios de temperos e condimentos;
- Inventário de serviços;
- Arrumação de mesas e itens de decoração;
- Recepção dos clientes;
- Trâmite de pedidos (mesa-cozinha | cozinha-mesa);
- Oferta de bebidas, sobremesa e café;
- Esclarecimento sobre os itens do cardápio e sugestão de acordo com perfil de cliente;
- Serviço às mesas e cuidados com a manutenção da temperatura da pizza;
- Solicitação de fechamento de conta e recebimento do pagamento.

O ESTUDO DE LUIGI

A tabela a seguir resume o que Luigi encontrou quando estudou sobre clientes e sua fidelização.

7 COMPORTAMENTOS QUE FIDELIZAM	6 ERROS COMUNS AO SE ATENDER UM CLIENTE
Conheça seu cliente.	Inacessibilidade.
Comunique-se de forma clara.	Falta de comunicação.
Seja rápido.	Falhar ao ouvir.
Atenda necessidades, exceda expectativas.	Promessas não cumpridas.
Seja consistente.	Tentativa de vencer um conflito.
Seja flexível.	Achar que as reclamações são pessoais.
Peça feedback e responda positivamente a ele.	

ATENÇÃO: Este *case* é ficção. O nome do estabelecimento, dos personagens e problemas apontados foram criados por mim para efeitos didáticos. Qualquer semelhança com a realidade é mera coincidência.

Vamos desenhar uma solução!

Numa primeira análise, pode ser tentador atender ao pedido de Luigi e desenvolver um treinamento para ajudá-lo a mobilizar a motivação da equipe, levando luz à importância do papel de cada um e convidando todos para o comprometimento com aquilo que já fazem bem, mas pode ser aprimorado ainda mais.

Entretanto, você, como um bom Designer, "já viu este filme" e sabe que não pode pular a etapa de diagnóstico para a obtenção de resultados consistentes. Você decide então experimentar a ferramenta nova que aprendeu para desenhar esta solução.

DIAGNÓSTICO COM CANVAS DI-EMPATIA: CONECTANDO A ANÁLISE ORGANIZACIONAL À ANÁLISE DO INDIVÍDUO

Que bom seria se o Sr. Luigi nos permitisse uma reunião de diagnóstico incluindo também alguns atendentes além do *maître*, pizzaiolos e hostess! Este seria mesmo o cenário ideal. Mas estamos fazendo o Design no mundo real, e isso significa que vamos encontrar algumas resistências.

Em nosso case, quem resiste é o Sr. Luigi. Na vida real, pode ser que você receba a "demanda pronta" e não tenha condições de questionar. Outra possibilidade é receber a solicitação de uma área que faz o levantamento de necessidades e estabelece como vai ser a solução, não deixando muito espaço para investigação.

Se este for o caso, não se abale! Faça como fiz aqui, monte o seu case e siga com a investigação do seu diagnóstico utilizando o Canvas DI-Empatia. Se tiver colegas de sua área que possa envolver, será ótimo. Se não tiver, utilize as informações que você tem, como pode ser visto a seguir.

Lembre-se do essencial: Não escreva no Canvas, utilize sempre post-its ou equivalente, não pense demais, deixe as ideias fluírem.

Com o Canvas DI-Empatia montado é possível perceber a conexão direta entre o objetivo organizacional e a performance que leva a este objetivo. Temos em uma única figura condições de analisar o que deve ser feito para dar continuidade ao desenho de uma solução.

Neste primeiro Canvas eu listei as tarefas a serem realizadas para se alcançar a performance desejada, e elas podem ir além do explícito. Ao definir por uma solução de Aprendizagem, farei o seu refinamento ou detalhamento no Canvas DI-Tarefas, que tem este foco.

Neste exemplo, a partir da análise e montagem deste Canvas DI-Empatia, decidi fazer três pesquisas complementares antes de escrever um objetivo de aprendizagem. São elas:

- Pesquisa de salários médios pagos pelas pizzarias;
- Pesquisa de satisfação dos clientes;
- Pesquisa de satisfação dos atendentes.

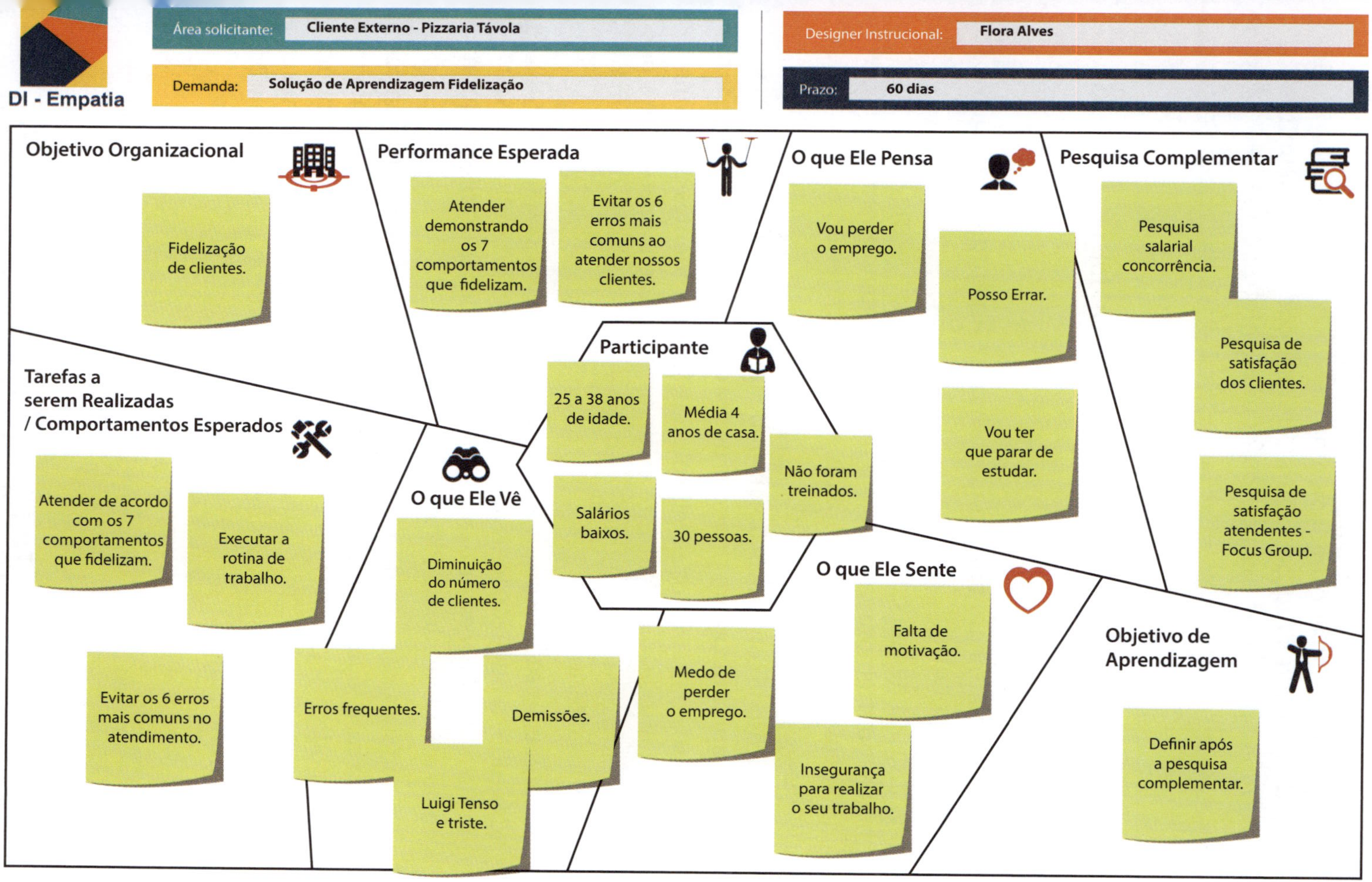

DI - Empatia

Área solicitante:	Cliente Externo - Pizzaria Távola	Designer Instrucional:	Flora Alves
Demanda:	Solução de Aprendizagem Fidelização	Prazo:	60 dias

Objetivo Organizacional
- Fidelização de clientes.

Performance Esperada
- Evitar os 6 erros mais comuns ao atender nossos clientes.
- Atender demonstrando os 7 comportamentos que fidelizam.

Pesquisa Complementar
- Pesquisa salarial concorrência.
- Pesquisa de satisfação dos clientes.
- Pesquisa de satisfação atendentes - Focus Group.

Participante
- 25 a 38 anos de idade.
- Média 4 anos de casa.
- Salários baixos.
- 30 pessoas.

O que Ele Pensa
- Vou perder o emprego.
- Posso Errar.
- Não foram treinados.
- Vou ter que parar de estudar.

O que Ele Vê
- Diminuição do número de clientes.
- Demissões.
- Erros frequentes.
- Luigi Tenso e triste.

O que Ele Sente
- Falta de motivação.
- Medo de perder o emprego.
- Insegurança para realizar o seu trabalho.

Tarefas a serem Realizadas / Comportamentos Esperados
- Atender de acordo com os 7 comportamentos que fidelizam.
- Executar a rotina de trabalho.
- Evitar os 6 erros mais comuns no atendimento.

Objetivo de Aprendizagem
- Definir após a pesquisa complementar.

Metodologia Trahentem® de Design de Aprendizagem com uso de Canvas® - Desenvolvida por SG | www.canvastrahentem.com

O tipo de pesquisa complementar que você vai ou não conduzir depende de cada situação, não existe um padrão. Se definir pela execução de pesquisas para aprofundar as informações que você já tem, a escolha dependerá do que precisa ser investigado e da demografia a ser pesquisada.

PRINCIPAIS CONCLUSÕES A PARTIR DA ANÁLISE DO CANVAS DI-EMPATIA:

- Existe alinhamento entre a performance esperada e os objetivos organizacionais.
- Há indícios de que o treinamento pode ser necessário, pois nunca houve um treinamento sobre o modelo de atendimento da Pizzaria Távola. Os atendentes mais novos aprenderam com os mais antigos, que foram demitidos.
- Uma ação de comunicação abrangente, como parte da experiência de aprendizagem, pode ser necessária.
- É preciso comparar os níveis salariais dos atendentes com o mercado, uma vez que durante o diagnóstico identificou-se que os profissionais que permaneceram na empresa são os que têm os salários inferiores.
- O índice de satisfação do cliente não apareceu como indicador. Contudo, a fidelização depende diretamente dos índices de satisfação e se faz necessário investigar as percepções do cliente quanto ao atendimento da Pizzaria Távola.
- Fazendo o exercício de empatia mediante o cenário apresentado no case, é fácil identificar os fatores presentes no ambiente (e que podem ser vistos) que influenciam o que estes profissionais pensam e sentem. Tais sentimentos e pensamentos precisam ser endereçados independentemente da construção de uma solução de aprendizagem.

O QUE MOSTRARAM AS PESQUISAS COMPLEMENTARES

Pesquisa Salarial

1. Os salários pagos pela Pizzaria Távola são compatíveis com o mercado.
2. A Távola oferece benefícios diferenciados, sendo mais atrativa que a concorrência.

Pesquisa de Satisfação dos clientes

1. Os clientes apontam que a qualidade no atendimento caiu nos últimos meses.
2. Classificam a pizza como excelente, mas acreditam que a qualidade foi prejudicada pelo atendimento.
3. Quando perguntados sobre os principais pontos a melhorar, mencionam a demora no atendimento, falta de flexibilidade para atender às solicitações feitas, dificuldade de serem ouvidos e entendidos, e até mesmo conflito com os atendentes quando tentam dar feedback e resolver a questão.
4. Informados sobre uma possível ação de melhoria com foco no atendimento aos clientes, demonstraram que estão propensos a frequentar a pizzaria e apontam o ambiente como acolhedor e convidativo.

Pesquisa de satisfação com os atendentes – Focus Group

1. Confirmou-se que os salários na Távola são compatíveis com o mercado; os atendentes têm a percepção de trabalharem em um ambiente diferenciado e de que os benefícios refletem o carinho do Sr. Luigi com seus funcionários.
2. Mencionam a grande preocupação com a economia do país de forma geral e dizem que muitos colegas estão desempregados.
3. Manifestaram dúvidas sobre a possibilidade de demissões. Disseram que não esperavam que o Sr. Luigi fosse demitir ninguém, mas assim como ele demitiu os demais, pode fazer novas demissões se achar necessário.
4. Confirmou-se a insegurança para a execução do trabalho, pois dizem que aprenderam a atender na prática, ficando muitas vezes em dúvida sobre o que realmente podem fazer.

HORA DE RETOMAR O OBJETIVO DE APRENDIZAGEM

O processo de diagnóstico aponta para a necessidade de uma solução de aprendizagem que contemple:

1. Envolvimento do Sr. Luigi como sponsor do projeto em ações específicas antes e depois da intervenção presencial.
2. Criação de um programa para o incentivo para o atendimento, envolvendo o cliente que avaliará os atendentes com base em comportamentos que queremos incentivar.
3. Solução de aprendizagem presencial dividida em pequenos módulos focados na experiência de atendimento, nos sete comportamentos que fidelizam e em soluções para os erros que se deve evitar (note que não estou trabalhando com os erros, e sim com a solução para os mesmos).
4. Participação de todos os colaboradores, uma vez que todos em algum momento servem, ou atendem clientes externos e também internos.

O programa de incentivo será uma sugestão, devendo ser desenvolvido por uma equipe com este expertise. Assim como essa sugestão surgiu neste case, em outras circunstâncias pode ser que a solução sequer envolvesse uma intervenção de treinamentos.

OBJETIVO DE APRENDIZAGEM

Como já mencionei anteriormente, o objetivo de aprendizagem é de extrema importância. Ele dever ser específico e facilitar o processo de design. Seu objetivo de aprendizagem é a ponte que liga o Canvas DI-Empatia ao Canvas DI-Tarefas. É a partir dele que você decide as tarefas que têm que ser realizadas e os conhecimentos necessários para sua execução.

A seguir, o objetivo de aprendizagem que utilizaremos para a construção de nossa solução com o uso da Metodologia Trahentem® para o Design de Aprendizagem com uso de Canvas.

Como resultado dessa solução de aprendizagem, os atendentes da Pizzaria Távola serão capazes de:

- Promover experiências de atendimento positivas baseadas nos sete comportamentos que fidelizam os clientes em 100% de suas interações com os clientes;
- Resolver, de maneira autônoma, qualquer situação problema que ocorra com um cliente na Pizzaria Távola, utilizando como critério de resolução os sete comportamentos que fidelizam clientes;
- Permanecer acessível aos clientes, utilizando a comunicação e a escuta como ferramentas para o relacionamento com o cliente, prevenindo assim os seis erros mais comuns do atendimento.

Com este objetivo claro, é hora de darmos sequência ao desenvolvimento da solução, partindo para o DI-Tarefas.

SELEÇÃO DE CONTEÚDOS COM CANVAS DI-TAREFAS: FAZENDO A SELEÇÃO DOS CONTEÚDOS ESSENCIAIS

O processo de diagnóstico nos leva a objetivos de aprendizagem específicos. No Canvas DI-Tarefas, vamos trabalhar com as tarefas diretamente ligadas ao objetivo que precisamos alcançar. Você vai notar que a execução da rotina de trabalho dos atendentes aparece como tarefa no DI-Empatia, mas não será abordada neste Canvas.

Este Canvas é um mapa de seleção de conteúdos a serem abordados. Resista à tentação de manifestar a "síndrome do supertreinador" e querer ofertar todos os conhecimentos que poderiam contribuir com o trabalho dessas pessoas.

Para que o processo de aprendizagem seja efetivo, ele deve ser centrado no participante e na performance dele. Por isso montamos este mapa. Ao construir os módulos vamos contemplar o que é feedback para este atendente. E no caso deste treinamento, estamos falando do feedback que ele recebe do cliente, portanto, temos que ser específicos e pontuais.

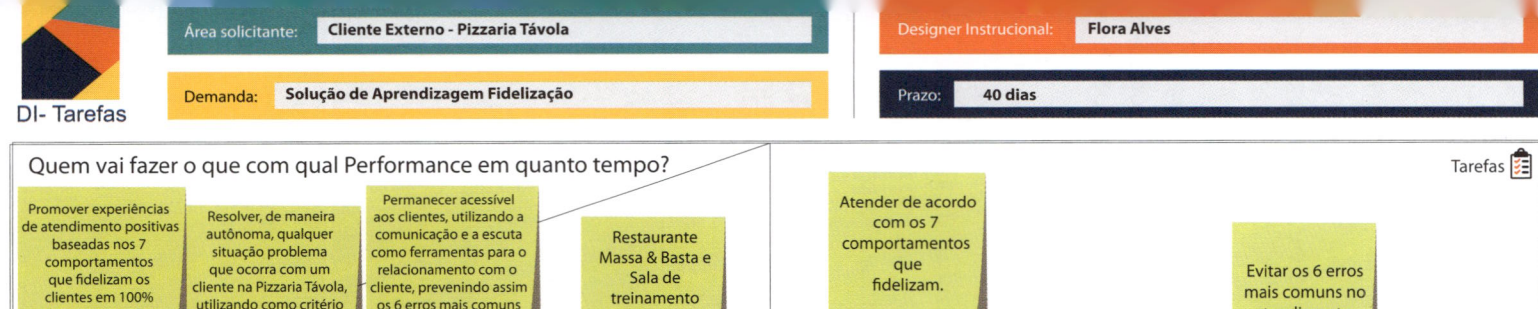

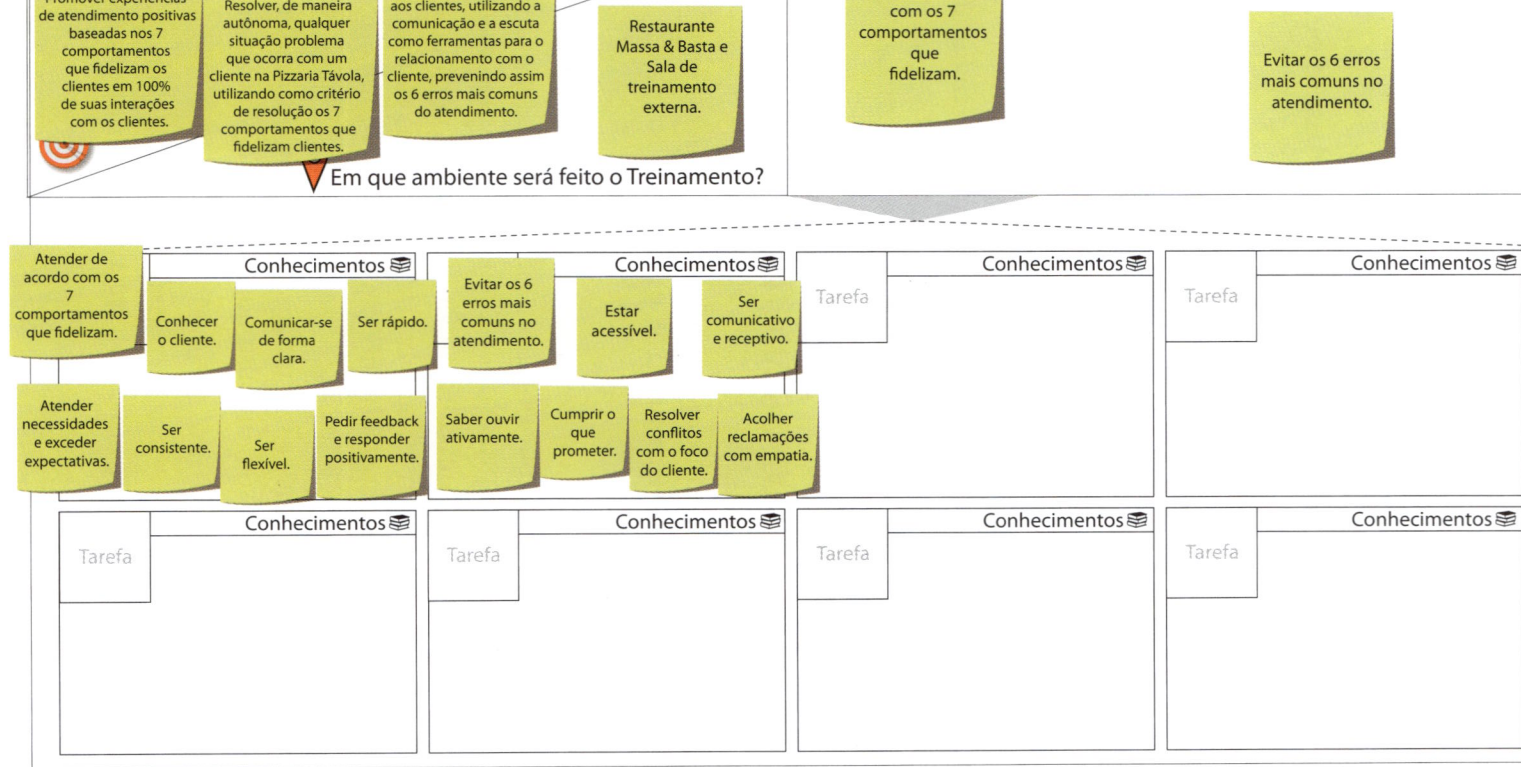

DI- Tarefas

Área solicitante:
Cliente Externo - Pizzaria Távola

Demanda: Solução de Aprendizagem Fidelização

Designer Instrucional: Flora Alves

Prazo: 40 dias

Quem vai fazer o que com qual Performance em quanto tempo?

- Promover experiências de atendimento positivas baseadas nos 7 comportamentos que ocorra com um cliente na Pizzaria Távola, de suas interações com os clientes.

- Resolver, de maneira autônoma, qualquer situação problema que ocorra com um cliente na Pizzaria Távola, utilizando como critério de resolução os 7 comportamentos que fidelizam clientes.

- Permanecer acessível aos clientes, utilizando a comunicação e a escuta como ferramentas para o relacionamento com o cliente, prevenindo assim os 6 erros mais comuns do atendimento.

Em que ambiente será feito o Treinamento?

Restaurante Massa & Basta e Sala de treinamento externa.

Tarefas

Tarefa: Atender de acordo com os 7 comportamentos que fidelizam.

Conhecimentos:
- Atender necessidades e exceder expectativas.
- Ser consistente.
- Ser flexível.
- Conhecer o cliente.
- Comunicar-se de forma clara.
- Ser rápido.
- Pedir feedback e responder positivamente.

Tarefa: Evitar os 6 erros mais comuns no atendimento.

Conhecimentos:
- Saber ouvir ativamente.
- Cumprir o que prometer.
- Resolver conflitos com o foco do cliente.
- Estar acessível.
- Ser comunicativo e receptivo.
- Acolher reclamações com empatia.

Tarefa: _____

Conhecimentos: _____

Tarefa: _____

Conhecimentos: _____

Metodologia Trahentem® de Design de Aprendizagem com uso de Canvas® - Desenvolvida por SG | www.canvastrahentem.com

A experiência de aprendizagem deve ser focada na realidade do participante, no repertório dele, na sua vida real. No caso destes atendentes vamos incluir alguns elementos na experiência de aprendizagem para contribuir com o aumento da segurança e confiança, mas isso será feito por meio da inclusão do Sr. Luigi, e não de conteúdos motivacionais. Estamos prontos para a etapa mais gostosa, o desenvolvimento dos módulos!

DI-ROPES: DESENHANDO OS MÓDULOS DE UMA SOLUÇÃO DE APRENDIZAGEM CENTRADA NOS PARTICIPANTES E EM SUA PERFORMANCE COM O USO DE CANVAS

Chegou a hora de **prototipar**. Este Canvas vai funcionar como acelerador do seu processo criativo. É nele que você modela o seu treinamento selecionando metodologias, definindo tempos e movimentando suas ideias sem bloqueios.

O número de módulos que você vai criar não é fixo. Ele varia de acordo com o objetivo de aprendizagem, tempo disponível e também os recursos. As figuras a seguir oferecem a você uma ideia de solução de aprendizagem, entre tantas outras opções que você mesmo pode criar para atender à demanda apresentada neste case.

Note que no primeiro Canvas DI-ROPES os módulos iniciais antecedem o dia da intervenção presencial (D) principal e visam ao preparo da equipe para o treinamento. Observe também que o Sr. Luigi foi envolvido desde o início do programa, a fim de favorecer o comprometimento, conferir credibilidade e também apoiar a transferência.

Esta é uma maneira de endereçar emoções que foram identificadas no diagnóstico. Ainda que elas não sejam o foco do treinamento, o acolhimento de tais emoções e o cuidado com o ser humano são essenciais para o desenvolvimento.

Observe que utilizei os dois módulos finais para ações com foco no suporte à performance, ou processo de transferência. Nesses módulos especificamente, utilizei apenas dois post-its para preencher todo o ROPES, pois são ações específicas, e não parte de um processo psicológico de aprendizagem.

Em outros módulos, pode ser que você trabalhe simultaneamente (em um ou outro módulo) com o Presentation e o Exercise. Isto é possível, desde que você faça isso de maneira intencional e consciente, e não simplesmente para pegar um atalho.

No exemplo abordado neste case para modelar a prática com você, utilizei dois Canvas ROPES. Você pode utilizar menos de um, ou mais, de acordo com a sua necessidade.

Lembre-se, esta é uma ferramenta para o design. Agora você tem tudo o que precisa para o desenvolvimento de seus conteúdos, materiais didáticos e até mesmo a logística e outras parcerias em uma única figura.

O modelo ou template para o qual você vai transferir este design para documentar a solução de aprendizagem e dar andamento ao processo depende exclusivamente dos padrões estabelecidos por sua empresa, ou preferência. As informações que você precisa, seguramente, estão mapeadas de maneira rápida e alinhada aos objetivos organizacionais a serem alcançados.

Na versão digital desta ferramenta, alguns recursos extras para documentação e apresentação em reuniões de alinhamento e aprovação estarão disponíveis. Em cada post-it incluirei um campo de notas, no qual você irá acrescentar uma breve descrição da atividade que está resumida.

O Canvas DI-ROPES também poderá ser exportado para um **Documento de Design de Aprendizagem** de maneira automática, facilitando o trabalho e padronizando a documentação das soluções de aprendizagem.

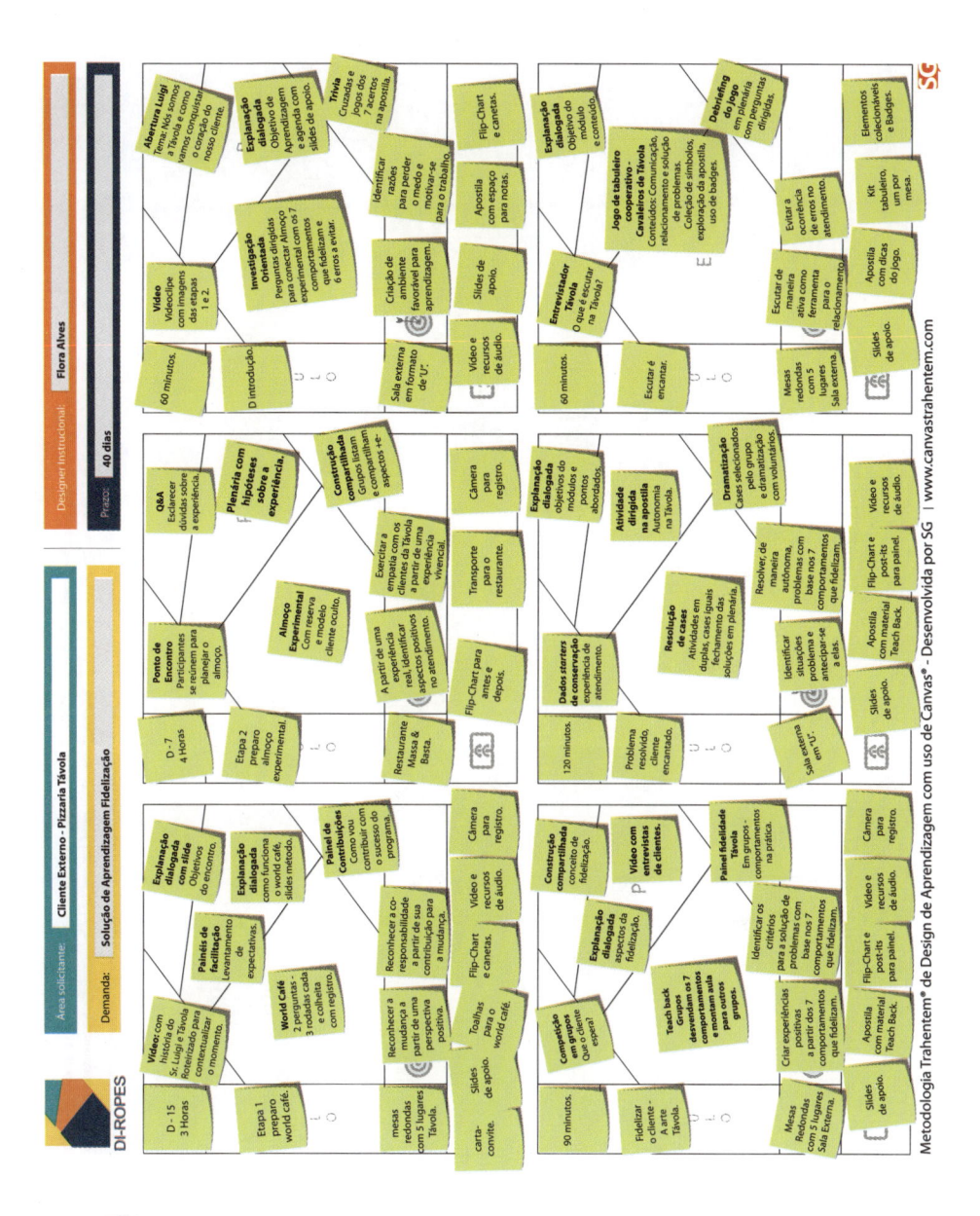

A ferramenta na prática – 105

Área solicitante: Cliente Externo – Pizzaria Távola
Demanda: Solução de Aprendizagem Fidelização
Designer Instrucional: Flora Alves
Prazo: 40 dias

DI-ROPES

D – 15 / 3 Horas — Etapa 1: preparo world café

- **Vídeo** com história do Sr. Luigi e Távola. Roteirizado com Objetivos do encontro para contextualizar o momento.
- **Painéis de facilitação**: Levantamento de expectativas.
- **World Café**: 2 perguntas · 3 rodadas cada · a colheita com registro.
- mesas redondas com 5 lugares Távola
- carta-convite
- Slides de apoio.

Etapa 2: preparo almoço experimental — D – 7 / 4 Horas

- **Explanação dialogada com slide**: Objetivos do encontro.
- **Explanação dialogada**: como funciona o world café, slides método.
- **Painel de Contribuições**: Como você contribuirá para o sucesso do programa.
- Reconhecer a mudança a partir de uma perspectiva positiva.
- Reconhecer a co-responsabilidade a partir de sua contribuição para a mudança.
- Toalhas para o world café.
- Flip-Chart e canetas.
- Vídeo e recursos de áudio.
- Câmera para registro.

90 minutos

- **Competição em grupos**: Que o cliente especial?
- **Explanação dialogada**: aspectos da fidelização.
- **Teach back**: Grupos desdobram os 7 comportamentos e montam aula para outros grupos.
- Fidelizar o cliente é arte Távola.
- Criar experiências positivas a partir dos 7 comportamentos que fidelizam.
- Identificar os critérios para a solução de problemas com base nos 7 comportamentos que fidelizam.
- **Construção compartilhada**: conceito de fidelização.
- **Vídeo com entrevistas de clientes**.
- **Painel fidelidade Távola**: Em grupos os 7 comportamentos na prática.
- Slides de apoio.
- Apostila com material Teach Back.
- Flip-Chart e post-its para painel.
- Mesas Redondas com 5 lugares Sala Externa.
- Vídeo e recursos de áudio.
- Câmera para registro.

60 minutos

- **Abertura Luigi**: Tema: Nós somos Távola e as como vamos e conquistar o coração do nosso cliente.
- **Explanação dialogada**: Objetivo de Aprendizagem e agenda com slides de apoio.
- **Trivia Cruzadas e jogos dos 7 acertos na apostila**.
- **Vídeo** Videoclipe com imagens das etapas 1 e 2.
- **Investigação Orientada**: Perguntas dirigidas para conectar Almoço experimental com os 7 comportamentos que fidelizam e evitar.
- Identificar razões para perder o cliente e motivos para o trabalho.
- Criação de ambiente favorável para aprendizagem.
- Flip-Chart e canetas.
- Apostila com espaço para notas.
- Slides de apoio.
- D introdução.
- Sala externa em formato de "U".
- Vídeo e recursos de áudio.

Plenária / Almoço experimental

- **Q&A**: Esclarecer dúvidas sobre a experiência.
- **Plenária com hipóteses sobre a experiência**.
- **Construção compartilhada**: Grupos listam e compartilham aspectos ++.
- **Ponto de Encontro**: Participantes se reúnem para planejar o almoço.
- **Almoço Experimental**: Com reserva e modelo cliente oculto.
- Exercitar a empatia com os clientes da Távola a partir de uma experiência vivencial.
- A partir de uma experiência real, identificar aspectos positivos no atendimento.
- Transporte para o restaurante.
- Câmera para registro.
- Flip-Chart para antes e depois.
- Restaurante Massa & Basta.

60 minutos

- **Explanação dialogada**: Objetivo do módulo e conteúdo.
- **Jogo de tabuleiro cooperativo – Cavaleiros da Távola**: Conteúdos: Comunicação, relacionamento e solução de problemas. Coleção de símbolos, explanação da apostila, uso de badges.
- **Entrevistador Távola**: O que é escutar na Távola?
- **Debriefing do jogo** em plenária com perguntas dirigidas.
- Escutar e encantar.
- Escutar de maneira ativa como ferramenta relacionamento.
- Evitar a ocorrência de problemas no atendimento.
- Elementos colecionáveis e Badges.
- Kit tabuleiro, um por mesa.
- Apostila com dicas do jogo.
- Mesas redondas com 5 lugares Sala externa.
- Slides de apoio.

120 minutos

- **Explanação dialogada**: objetivos do módulo e pontos abordados.
- **Atividade dirigida na apostila**: Autonomia na Távola.
- **Dados starters de conservação**: experiência de atendimento.
- **Resolução de cases**: Atividades em duplas, cases iguais fechando soluções em plenária.
- **Dramatização**: Cases selecionados pelo grupo e dramatização com voluntários.
- Problema resolvido, cliente encantado.
- Identificar situações problema e antecipar-se a elas.
- Resolver, de maneira autônoma, problemas com base nos 7 comportamentos que fidelizam.
- Slides de apoio.
- Apostila com material Teach Back.
- Flip-Chart e post-its para painel.
- Sala externa em "U".
- Vídeo e recursos de áudio.

Faça o download do canvas:
amostras.dvseditora.com.br/trahentem/canvas_p.pdf

Metodologia Trahentem® de Design de Aprendizagem com uso de Canvas® - Desenvolvida por SG | www.canvastrahentem.com

106 – Trahentem

CAPÍTULO 3

ESCOLHENDO
METODOLOGIAS
INSTRUCIONAIS

ESCOLHENDO
METODOLOGIAS INSTRUCIONAIS

A seguir, uma amostra de atividades amplamente utilizadas que dependem do assunto, tipo de conhecimento, estilos de aprendizes e suas necessidades. Utilize uma combinação destes métodos.

DISCUSSÃO EM GRUPO

Este método informal encoraja os participantes a compartilhar seu conhecimento e experiências. É importante organizar bem as discussões e limitar o tamanho dos grupos em pequenas quantidades de pessoas. Esteja atento ao tempo alocado para estas atividades, elas são ricas e consomem tempo.

ROLE PLAY

Neste método, você dá aos participantes uma situação para simular com o objetivo de resolver um problema. Os pontos de atenção deste método são o receio de exposição por parte do participante e o tamanho do grupo.
Quando utilizado de maneira adequada, possibilita que você trabalhe com desafios complexos em curto espaço de tempo.

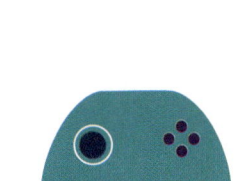

JOGOS

Este método tem o poder de envolver e engajar os participantes. Eles podem ser utilizados como um sistema fechado (jogos de tabuleiro, por exemplo), ou utilizar os seus elementos para a obtenção de engajamento, solução de problemas e resolução de desafios, e neste caso estará utilizando o *gamification*.

DEMONSTRAÇÕES

Use este método para mostrar aos participantes como executar uma tarefa por meio de demonstração, descrição e explicação. A demonstração contribui para a modelagem de um comportamento, estimula o interesse e chama a atenção de seu público. Lembre-se de planejar cuidadosamente uma demonstração e também limitar o uso do método a pequenos grupos.

ESTUDOS DE CASOS

Um *case* (caso) apresenta uma situação problema para a qual os grupos ou indivíduos buscam a solução. Em geral, os *cases* apresentam assuntos complexos. Este método permite a aplicação dos conhecimentos e habilidades adquiridos por meio de outras atividades.

PALESTRAS

Ainda que as palestras não sejam um método efetivo, especialmente quando se deseja transferir conhecimento procedimental, você pode concentrar nelas uma grande quantidade de informações. Para isso, o facilitador deve ter um nível de competência elevado. Para maior aproveitamento, encoraje os participantes a se dividirem em pequenos grupos de discussão.

Na versão eletrônica da ferramenta você encontrará post-its prontos que funcionarão como um cardápio. Cada um deles apresentará a atividade, espaço para você acrescentar seus comentários (o que vai trabalhar com esta atividade) e notas que quer ver exportadas no documento de Design de Aprendizagem.

Sugiro que você crie um jogo de cartões para dispor sobre a mesa na hora de montar o Canvas DI-ROPES com atividades possíveis e diversificadas. Ter este recurso à mão pode auxiliá-lo durante o processo criativo. A tabela a seguir oferece algumas opções como ponto de partida para você.

TÉCNICA	DESCRIÇÃO	MELHOR USO			DICAS
		C	H	A	
Role Modeling	Modelagem de comportamento ou o exemplo a ser seguido pelos demais. Pode ser feita pelo facilitador, por um especialista ou um voluntário.	x			Utilize quando for necessário exemplificar o modelo a ser seguido.
Estudo de Caso ou Cenário	Análise e solução de problemas, situação ou caso real, feita individualmente ou em um pequenos grupos.	x	x	x	Ideal para apresentar assuntos, exercitar e verificar o aprendizado.
Demonstração	Execução de procedimento ou processo para que os participantes reproduzam em seguida.	x			Faça demonstrações para iniciar uma atividades que serão executadas pela primeira vez.
Discussão	Proposição de problema ou assunto para o grupo resolver ou discutir e elaborar conclusões.		x	x	Utilize para apresentar e exercitar conteúdos.
Visita a campo	Observação de situações reais por meio de visita ou estudo de campo.	x			Ajuda a visualizar a aplicabilidade do conteúdo na prática.
Filmes	Apresentação de trechos de filmes ou vídeos didáticos seguida de debriefing.	x			Pode ser utilizado em qualquer fase ROPES, mudando apenas a forma de debriefing.
Dinâmicas de grupo	Proposição de atividade planejada para explorar conceitos, sentimentos e reações seguida de CAV (Ciclo de Aprendizagem Vivencial).	x	x	x	Utilize para explorar habilidades de planejamento, comunicação, relacionamento e soft skills.
Investigação dirigida	Busca de informações em materiais de pesquisa individualmente ou em grupo.	x			Pode ser feita em materiais impressos ou digitais, com orientação do facilitador.

TÉCNICA	DESCRIÇÃO	C	H	A	DICAS
		MELHOR USO			
Explanação dialogada	Exposição de conteúdo com uso de perguntas planejadas para encorajar a descoberta de aprendizagem e interação.	x		x	Utilize para introduzir os assuntos. Evite utilizar apenas este método para apresentar conteúdos.
Entrevistas	Elaboração de perguntas seguida de entrevista a um indivíduo, em nome da audiência para a obtenção de informações.	x	x		Ideal para ocasiões onde se possa trazer um especialista para compartilhar experiências com o grupo.
Sala de Aula Invertida	O aluno estuda os conteúdos básicos antes da aula com vídeos, textos, áudio, games e outros recursos. Em sala, o professor aprofunda o aprendizado com exercícios e outros recursos.	x	x	x	Explore recursos didáticos com uso de tecnologia quando utilizar este método.
Games	Criação de jogos para aprendizado de determinado conteúdo. Os jogos podem ser eletrônicos ou não.	x	x	x	Podem ser utilizados em todas as fases ROPES.
Atividades Gamificadas	Utilização de elementos de games para estimular o engajamento, a solução de problemas e a aprendizagem.	x	x	x	Observe o perfil do grupo para escolher os elementos. Lembre-se de explorar também a cooperação.
Teach-Back	Divididos em grupos, os participantes estudam um assunto e preparam uma miniaula sobre ele. Em seguida, os grupos são redistribuídos para que tenham um integrante de cada grupo anterior. Neste novo formato, cada um ensina os demais sobre o conteúdo que estudou.	x	x	x	Ideal para ocasiões em que um grande volume de conteúdo tem que ser estudado em curto espaço de tempo.
Prática progressiva	Reprodução da performance de uma habilidade sob supervisão seguida de ausência de supervisão.	x	x	x	Opte por esta modalidade para conteúdos técnicos complexos.

Escolhendo Metodologias Instrucionais – 115

TÉCNICA	DESCRIÇÃO	MELHOR USO			DICAS
		C	H	A	
Palestra	Exposição de conteúdo de maneira informativa, com atuação exclusiva do palestrante. Ao final, o palestrante abre ou não espaço para perguntas.	x			Indicado para sessões informativas.
Role Play	Atividade na qual os participantes interpretam papéis que refletem a vida real. Um observador toma notas e oferece feedback.	x	x	x	Muito utilizado para simular situações de atendimento e vendas.
Simulações	Emulação do ambiente real no qual determinado conhecimento se aplica com o objetivo de promover a performance como deve ser no ambiente real em ambiente seguro.	x	x	x	Recomendado para situações nas quais erros podem ter consequências graves.
Storytelling	Criação de histórias para transmissão de conteúdo. Esta criação pode ser feita pelo facilitador ou pelos participantes.	x		x	Quando facilitador, utilize para introduzir para o Review ou Overview do conteúdo a ser trabalhando. É uma atividade excelente para o Exercise e também para o Sumary quando o participante constrói a história.
Dramatização	Criação de dramatização para se trabalhar um determinado conteúdo. A finalidade da dramatização deve definir o formato da mesma que deve estar atrelada aos objetivos de aprendizagem.	x	x	x	Utilize quando tiver situações concretas que precisam ser memorizadas ou que envolvam padrões de atuação.
Inventário de priorização de aprendizagem	São inventários que abordam competências e comportamentos relacionados ao conteúdo da intervenção com escalas para autoavaliação pelos participantes. Eles tem o objetivo de ajudar o aprendiz a focar nos aspectos mais relevantes para o seu desenvolvimento.	x			Sempre que possível promova esta reflexão antes de uma intervenção e sugira um comparativo pós intervenção.

TÉCNICA	DESCRIÇÃO	MELHOR USO			DICAS
		C	H	A	
Construção compartilhada	Em grupos, os participantes constroem definições de conceitos, percepção do grupo sobre determinado assunto ou respostas a desafios propostos pelo facilitador. Ao final da construção, os grupos compartilham e o facilitador processa o aprendizado, corrigindo quando necessário.	x	x	x	Substitui a explanação dialogada para apresentação de conteúdos. Promove a conexão com conhecimentos já existentes e facilita a codificação.
Starters para conversação	São jogos ou cartas com perguntas específicas que ajudam o facilitador a iniciar a discussão sobre um determinado assunto. Podem ser simples investigadores ou ferramentas para a condução de conversas delicadas	x	x		Utilize como Review para investigar o que grupo sabe, o que quer aprender sobre determinado assunto ou situações reais que já vivenciaram envolvendo o tema.
Action Learning	Grupos pequenos trabalham com problemas reais, tomam decisões e executam ações enquanto aprendem a partir desta experiência.	x	x	x	Promove a aprendizagem a partir da própria experiência e também da experiência coletiva.

CAPÍTULO 9

COISAS QUE VOCÊ VAI GOSTAR DE SABER

COISAS QUE VOCÊ VAI
GOSTAR DE SABER

Quando eu me envolvo com um método novo, um conceito que acabei de conhecer, ou simplesmente algo que desperta meu interesse, uma das primeiras coisas que penso é em como colocar esta nova aquisição em prática. Como profissional, vivo a mesma realidade que você: tenho que fazer "mais, com menos, melhor e mais rápido" o tempo todo. Por isso mesmo gosto de me sentir livre para experimentar, adaptar, mudar, alterar a ordem e até mesmo combinar métodos diferentes. E é exatamente isso que convido você a fazer. Se lance nesta experiência e aproveite ao máximo!

NÃO É NECESSÁRIO SEGUIR UMA ORDEM OU UTILIZAR OS TRÊS MODELOS DE CANVAS

É isso mesmo! Se você já tem o diagnóstico pronto **e o seu objetivo de aprendizagem específico** já construído, é meu convidado para ir direto para o Canvas número dois que recebe o nome de DI-Tarefas. É nele que você vai elencar, a partir do objetivo de aprendizagem, todas as tarefas que o participante tem que executar relacionadas ao objetivo de aprendizagem.

Se você está ainda mais adiantado e além do objetivo de aprendizagem já sabe exatamente quais são as tarefas, ou seja, a performance esperada de seu participante e quais conteúdos serão objeto de sua solução de aprendizagem, bem-vindo ao Canvas número três, o DI-ROPES! É com este Canvas que você vai construir soluções de aprendizagem centradas no participante e na performance dele, enquanto contempla os processos psicológicos de aprendizagem e define quase sem perceber qual a distribuição de tempo ideal e os recursos necessários em cada momento.

LIBERDADE PARA CRIAR

Existe uma razão pela qual eu contei, no início deste livro, uma breve história sobre o nascimento deste método. Fiz isso para servir de exemplo para você, ou seja, se achou a metodologia sensacional, mas sente que um dos blocos de um determinado Canvas funcionaria melhor se tivesse um nome diferente, quer dizer, se um elemento diferente pudesse ser trabalhado ali... vá em frente, mude!

Esta ferramenta foi desenvolvida para você, pensando em você, e pode ser adaptada por você! Como indivíduos singulares que somos, é natural que as nossas necessidades tenham diferenças. Essas diferenças variam desde a semântica até características próprias de cada segmento de negócios. Seja o protagonista das mudanças que serão positivas e transformarão a sua rotina.

PRESENCIALMENTE OU COLABORANDO A DISTÂNCIA – COM OU SEM O USO DE TECNOLOGIA

Esta metodologia nasceu para ser colaborativa e inclusiva. Por essa razão, ela pode ser utilizada com ou sem tecnologia. Você define o que é melhor para você.

Se a configuração do seu trabalho permite reuniões presenciais com equipes multidisciplinares, pôsteres de Canvas nas paredes e muito post-it, "mãos à obra"! Ela é uma metodologia para você, basta fazer o download dos arquivos para impressão dos Canvas e começar a trabalhar[19]. Minha sugestão é que você faça a impressão em lona de banner e as reutilize tantas vezes quanto necessário. Assim você otimiza seus recursos.

---

19 http://www.canvastrahentem.com

Se como eu, que ora trabalha presencialmente com sua equipe, ora está envolvido em um projeto que envolve um time global trabalhando em países e fusos diferentes, ou simplesmente prefere trabalhar com tecnologia, "mouse à obra" ou "touch à obra"! Acesse http://www.canvastrahentem.com e desfrute de uma experiência que vai facilitar muito a sua vida. Esta é uma nova aplicação, e, você, como um colaborador, pode nos ajudar a aprimorar ainda mais este método. Bob Pike[20], em suas sessões de treinamento, sempre "condecora" seus participantes com uma fita na qual se lê "contribuidor". Com isso, ele nos tira do papel de simples ouvintes ou usuários e nos coloca no papel de protagonistas e colaboradores cujas contribuições valiosas aprimoram aquilo que está sendo feito.

Farei o mesmo com você. Esta é uma ferramenta para facilitar o seu trabalho, e isso só será possível de maneira contínua se estivermos sempre juntos, aprimorando cada uma das funcionalidades.

É NECESSÁRIO SER UM DESIGNER ~~INSTRUCIONAL~~ DE APRENDIZAGEM EXPERIENTE PARA USAR A METODOLOGIA?

Pode ser que você tenha vindo direto do índice para cá, por isso peço licença para retomar um assunto que está no começo deste livro e está relacionado ao nascimento deste método. Esta é uma metodologia que surgiu da necessidade de ajudar Designers Instrucionais[21] a fazerem o seu trabalho de maneira rápida e eficaz, sem deixarem de lado todos os aspectos teóricos necessários para garantir a aprendizagem.

Se você tem mais experiência, além de ganhar agilidade, será capaz de prototipar várias opções de solução para um mesmo diagnóstico e só então investirá tempo no desenvolvimento da solução mais adequada para os objetivos de aprendizagem estabelecidos.

---
20 Fundador e CEO do Grupo Bob Pike, é conhecido como o treinador dos treinadores.
21 Mantive aqui a expressão "Designer Instrucional" por ser esta a nomenclatura no mercado para efeitos de contratação deste profissional. Mas agora, já sabemos que Designer de Aprendizagem é mais apropriado.

Se não tem experiência, ou está iniciando, vai adquirir segurança para fazer o seu trabalho de maneira rápida e eficaz, minimizando equívocos e obtendo resultados. Afinal, aprendemos algo para tornar nosso trabalho mais fácil, produtivo e leve!

FAZER O DESIGN DE APRENDIZAGEM É UM ASSUNTO MUITO SÉRIO

Os Sistemas de Design Instrucional são sistemas consolidados válidos e podem ser muito eficazes e assertivos. Este livro não se propõe a esgotar toda a teoria envolvida neste processo, muito pelo contrário. Esta metodologia se propõe a ser um facilitador do trabalho dos profissionais que trabalham com Design Instrucional de Aprendizagem. Ela não nasceu para invalidar outros conhecimentos ou substituir tudo o que você faz. Eu a classifico como uma ferramenta. Sua utilização facilita o trabalho e o torna mais produtivo. Entre os benefícios da metodologia, destaco aqui a internalização da teoria e sua transferência para a prática. A maioria dos profissionais conhece a teoria, entretanto, encontra dificuldade no estabelecimento de conexão entre a teoria e a prática.

CAPÍTULO 10

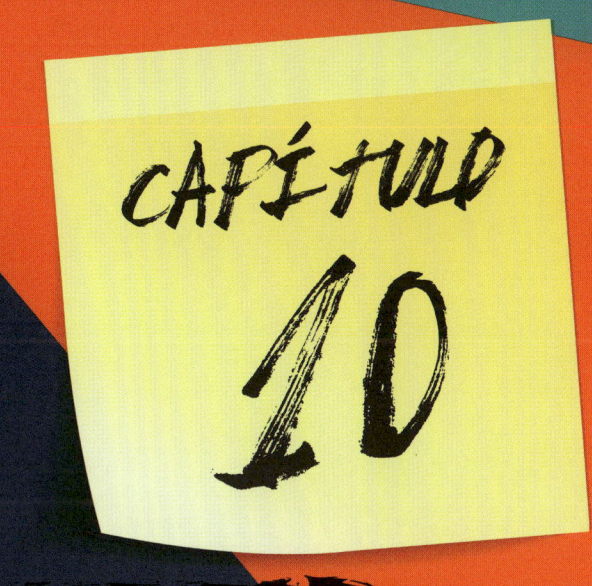

CONTRIBUIÇÕES DE QUEM JÁ UTILIZA A METODOLOGIA TRAHENTEM® PARA O DESIGN DE APRENDIZAGEM COM USO DE CANVAS

CONTRIBUIÇÕES DE QUEM JÁ UTILIZA A METODOLOGIA TRAHENTEM® PARA O DESIGN DE APRENDIZAGEM COM USO DE CANVAS

Sempre acreditei que "**conhecimento é a única coisa que quanto mais se compartilha, mais se tem**". E foi com este pensamento que, em novembro de 2015, com a metodologia já estruturada, mas não ainda editada no formato de livro, apresentei um workshop no maior congresso de treinamento da América Latina, o CBTD.

Compartilhei, então, com 128 pessoas, durante três horas, o funcionamento desta ferramenta na prática. Iniciei o workshop com a história do surgimento desta metodologia, que transformou a vida dos Designers Instrucionais de minha equipe, facilitando e simplificando o seu trabalho e, em seguida, com base no case apresentado como modelo neste livro, mergulhamos em uma experiência real.

Passado algum tempo, enviei um e-mail para todos que participaram desse workshop, perguntando sobre a aplicabilidade da ferramenta e sua transferência para a prática, dizendo que eu adoraria incluir neste livro a contribuição daqueles que estivessem não só utilizando o Trahentem®, mas que também de alguma maneira quisessem compartilhar suas experiências.

Recebi inúmeras respostas carinhosas de pessoas que gostaram muito do método, mas ainda não tinham tido oportunidade de utilizar em sua rotina e recebi também os relatos que vocês verão a seguir.

Quando o assunto é transferência para a prática, é sempre importante termos um quadro que nos mostre como está funcionando a receptividade. Para que você também tenha esta visão, preparei um pequeno resumo sobre o que vem a seguir.

OS PARTICIPANTES	• O CBTD reúne profissionais de todo o Brasil que trabalham em organizações de setores diversificados em busca de atualização e aprimoramento. • Muitos destes profissionais atuam com Desenvolvimento Humano, outros são consultores ou ainda profissionais de outras áreas que desejam migrar para o Desenvolvimento. • Atuando em áreas diversificadas, o congresso oferece um panorama geral do estado da arte, e cada um levará para sua empresa o que necessita naquele momento.
NÚMERO DE PARTICIPANTES	Este *workshop* reuniu 128 pessoas.
DATA	O *workshop* aconteceu no dia 26 de novembro de 2015, na cidade de Santos.
RECEBIMENTO DAS CONTRIBUIÇÕES	As contribuições foram recebidas até o dia 22 de janeiro de 2016, ou seja, dois meses após a realização do *workshop*.
QUANTIDADE DE CONTRIBUIÇÕES	10 contribuições – 7,81% de transferência em um período inferior a 30 dias em um evento aberto com público diverso.

Estas contribuições representam, para mim, a certeza de estar no caminho certo. Elas alimentam minha vontade de fazer sempre o melhor e continuar cumprindo aquilo que considero minha missão de vida: "Interferir de forma positiva na vida de outras pessoas, contribuindo para que descubram o seu próprio potencial."

A todos que contribuíram a minha eterna gratidão, e a você, leitor, o meu mais sincero desejo de que você esteja comigo neste capítulo da próxima edição.

ADILSON MARCOS DE OLIVEIRA JÚNIOR
UNIMED LONDRINA

"A ferramenta nos permite ter maior visão sistêmica do negócio, auxilia na construção de conteúdos e na contratação de facilitadores para aplicar o treinamento."

SOLUÇÃO PARA AÇÕES DE DESENVOLVIMENTO ORGANIZACIONAL

A Unimed Londrina tem uma história de pioneirismo, visto que foi a 5° Unimed a ser implantada no país. Desde 2003, a empresa passou por mudanças na estrutura organizacional e implantação de estratégia. A área de Desenvolvimento Humano acompanhou essas mudanças se tornando mais estratégica e alinhada aos objetivos da empresa.

A área de treinamento e desenvolvimento, como resultado dessas mudanças, sentiu impactos maiores a partir de 2010, quando conseguimos aumento de investimento e, com isso, a contratação de facilitadores para aplicar treinamentos técnicos e comportamentais. Os treinamentos passaram a ser desenvolvidos de acordo com a demanda de cada gestão da cooperativa. Por anos tivemos bons resultados através dos treinamentos, mas começamos a perceber que os mesmos, muitas vezes, não estavam alinhados com as estratégias da cooperativa e não conseguíamos mensurar resultados.

Em 2015, no CBTD, fomos apresentados à metodologia Design Instrucional Canvas, apresentada pela Flora Alves. A partir de então, passamos a adotá-la no planejamento das ações de treinamento, vindo a se tornar primordial nas tomadas de decisões para a área.

A ferramenta nos permite ter maior visão sistêmica do negócio, auxilia na construção de conteúdos e na contratação de facilitadores para aplicar o treinamento.

A metodologia envolve a área de treinamento, gestão e facilitador. Como resultado, conseguimos uma proximidade e comprometimento maior dos lideres, e, assim, evidenciamos a importância do treinamento dentro da cooperativa. Até então, muitos pensavam que era perda de tempo participar dos desenvolvimentos. Porém, quando envolvemos o líder para elaborarmos o Canvas, todos elogiam e começam a enxergar a sua área com outros olhos e percebem como é importante construir o conteúdo, acompanhar e visualizar os resultados a curto e longo prazo.

Para 2016, o nosso grande desafio é o planejamento e construção dos treinamentos para o novo negócio da cooperativa, um pronto-atendimento para o qual serão contratadas mais de 100 pessoas para assumirem cargos na área da saúde e administrativa.

ADRIANO JESUS - ASSURANT SEGURADORA S/A

"Com o Canvas, as construções ficaram mais claras, objetivas, gostosas de desenvolver, além de criativas e focadas no que é necessário. Cada etapa me ajuda de uma maneira superinstrutiva a construir o projeto, que vai ganhando corpo e forma de uma maneira simples, sem complicações.."

Atuar na área de Treinamento e Desenvolvimento é se desafiar diariamente, permitindo-se crescer e se desenvolver com a intenção de evoluir outras pessoas também. Atuo há cinco anos na área, inicialmente com RH, e hoje focado em treinamento de Vendas e Marketing. Não há um dia sequer que eu não ame fazer parte desta área, pois, para mim, não há nada mais gratificante do que ver pessoas que foram capacitadas por você, ou por alguma metodologia que você desenvolveu, alavancando seus conhecimentos e atingindo seus objetivos através do aprendizado obtido.

Diariamente, cada vez mais, os desafios me mostram a importância de expandir o conhecimento e buscar soluções que podem ser inovadoras para o negócio, uma vez que tratamos com públicos diferentes, de níveis e conhecimentos variados, mas com um propósito único: capacitar - transferir conhecimento!

Ao ter conhecimento da metodologia Trahentem e passar a utilizá-la, percebi que as construções dos treinamentos ficaram mais tranquilas e organizadas, uma vez que a ferramenta te orienta corretamente como deve ser feito o levantamento das informações antes do processo de elaboração. Dessa forma, fiz um exercício reconstruindo o treinamento de integração de novos funcionários utilizando como base a ferramenta aprendida.

Antes, eu costumava rascunhar em papéis os treinamentos pré-inserção nos slides ou na ferramenta de construção de EAD, a fim de organizar uma sequência que na minha opinião –era lógica e fazia sentido. Após isso, iniciava a construção de fato. Como minha base era diversos rascunhos, sempre me perdia e gerava uma confusão total, tendo até retrabalho durante a elaboração do treinamento. Com o Canvas, as construções ficaram mais claras, objetivas, gostosas de desenvolver, além de criativas e focadas no que é necessário. Cada etapa me ajuda de uma maneira superinstrutiva a construir o projeto, que vai ganhando corpo e forma de uma forma simples, sem complicações.

Hoje, posso dizer que a metodologia vem me ajudando muito diariamente com os projetos, até para pensar em reciclagem de conteúdos que já estão desenvolvidos. É uma poderosíssima ferramenta. O material foi todo preparado com muito carinho e cuidado para instruir quem vai utilizar e desenvolver os conteúdos exatamente como um design instrucional, pensando em quem vai receber o treinamento, além de proporcionar desenvolvimento pessoal e profissional na elaboração de várias atividades, situações, etc.

Portanto, fico muitíssimo grato pelo aprendizado desta metodologia que hoje me proporciona belíssimos resultados na construção de meus treinamentos. Ganhei agilidade, objetividade e pude perceber que quanto mais nós pensarmos em quem receberá o treinamento, tirarmos nossas opiniões (o que acho, gosto, penso ou sinto) da construção de algo que será transmitido para outros, galgaremos resultados brilhantes e de qualidade, facilitando e simplificando nossa rotina e tornando as situações de desafios cada vez mais prazerosas.

BRUNA PULLIG

"Canvas, em linhas gerais, é usado para gestão de negócios e para empreender; aí vem ela com a brilhante ideia de adaptá-lo para nós, profissionais da área de Treinamento e Desenvolvimento."

Conheci a Flora em um evento da ABTD, onde ela ministrou um treinamento voltado para profissionais de RH que atuam com T&D. Daí em diante, tornei-me fã e seguidora do seu trabalho.

Estive no CBTD em 2015, quando fui apresentada à metodologia Trahentem, através de mais um de seus valiosos trabalhos. É incrível como a Flora tem a capacidade de pegar o comum e transformar no sensacional. Canvas, em linhas gerais, é usado para gestão de negócios e para empreender; aí vem ela com a brilhante ideia de adaptá-lo para nós, profissionais da área de Treinamento e Desenvolvimento.

Sair da rotina nessa área, em que informar não é treinamento (aprendi tanto isso com ela...), é a chave para o sucesso. E essa metodologia faz isso muito bem. Conseguimos, através do Canvas, ouvir as pessoas envolvidas e dinamizar o famoso brainstorming. As pessoas se envolvem e curtem o lúdico.

Usei o Canvas de uma forma não muito ampla, mas em uma reunião, onde em vez de anotar tópicos, colei post-its em uma tela. Ao final, tínhamos uma linha de pensamento bem dinâmica, que nos possibilitou deixar registrado tudo o que havíamos discutido, tudo que veio à mente e o que gostaríamos de fazer.

Foi o ponto de partida para idealizar um evento voltado para a área comercial, diga-se de passagem, o principal evento do ano, onde reunimos nossos profissionais para falar de resultados, metas e objetivos, mas também para renovar a motivação, a sensação de pertencimento e alegria de fazer parte do nosso time.

CYNTHIA LANZA
SG – APRENDIZAGEM CORPORATIVA DESENHADA SOB MEDIDA

"O uso da metodologia me permitiu acompanhar o ritmo das ideias de tudo que eu já havia lido, pesquisado e vivenciado a respeito do assunto. Ora preenchendo o Canvas de um tema específico, ora do encerramento e então voltava para outro tema até conseguir estruturar todo o treinamento. E, ao final, ao ver na parede todos os Canvas criados ficou muito mais fácil pensar nas transições de um assunto para outro e na melhor sequência e ritmo do treinamento."

DESAFIOS PROFISSIONAIS PARA O DESIGN INSTRUCIONAL E DESENVOLVIMENTO DE TREINAMENTOS

Trabalho com recursos humanos há mais de dez anos, inicialmente na área de recrutamento e seleção quando servi à Força Aérea Brasileira como Tenente Pedagoga durante nove anos. Como designer instrucional, desenvolvi a primeira solução de aprendizagem em 2015, sob o tema Comunicação. O treinamento de oito horas foi desenvolvido para um público de 60 pessoas, de diferentes níveis hierárquicos, de uma seguradora multinacional.

Embora o tema seja comum, para falar de Comunicação é preciso fazer um recorte desse universo de informações e conhecimentos para atender à necessidade do cliente. Confesso que a falta de detalhes sobre o perfil do público desse projeto em questão foi um dos desafios neste momento. Porém, comecei a trabalhar o conteúdo mesmo sem saber, de início, o volume de informações e a forma de apresentar estas informações que pudessem configurar uma boa solução de aprendizagem a fim de facilitar o aprendizado de um grupo de pessoas. E foi o que fiz. Neste processo me deparei com uma pilha de livros, várias abas de internet abertas ao mesmo tempo e eu sem saber por onde começar.

Quando encontrava um conteúdo aderente ao pedido do cliente, me aprofundava no conhecimento e nas teorias, pensava na melhor metodologia, mas ainda assim as ideias não se encaixavam e eu não chegava ao formato desejado. Se pudesse descrever a cena, seria uma profissional de frente para o computador, com vários livros em volta, abertos ao mesmo tempo, cheios de post-its. O arquivo eletrônico do DI cheio de lacunas e de algumas boas ideias que eu nem enxergava mais no vai e vem da barra de rolagem do Word.

Enquanto isso, o tempo passando. A meu ver, um dos grandes desafios para o designer é justamente isso: como lidar com o tempo disponível para desenvolver a solução (que geralmente é sempre mais curto do que achamos que seja o ideal) e cumprir todas as etapas de um bom desenvolvimento instrucional, seja qual modelo for seguido pelo profissional, ADDIE, ROPES.

O trabalho não estava fluindo na velocidade que precisava; então, a Flora me apresentou a metodologia. Desenhamos os Canvas em tamanho A4, que carinhosamente apelidamos de "canvinhas", colados em folhas de flip-chart, afixadas na parede.

COMO A METODOLOGIA CONTRIBUIU PARA A SUPERAÇÃO DOS DESAFIOS

Como toda nova metodologia, é preciso um tempo para assimilar as novas informações e até mesmo mudar a forma de pensar. Nesse caso, abandonar uma forma de pensar linear para um pensar dinâmico, fluido e mais rápido, como é o nosso pensamento. Como a metodologia em questão é simples e fácil de compreender, não precisei de tempo demasiado para isso.

A partir do momento em que coloquei as ideias em post-its e fui preenchendo os Canvas, a conexão entre os conteúdos e a melhor forma de abordar cada um deles foi muito mais rápida porque as ações se tornaram simultâneas. Nomeei cada Canvas com um dos temas em que eu selecionei para montar o treinamento, por exemplo: feedback, comunicação não violenta e negociação. Se eu encontrava um trecho de um livro, uma frase na internet, uma atividade, uma dinâmica ou um filme que pudesse se encaixar em um desses temas, eu já registrava nos papéis e colava no Canvas. Então, quando percebi, estava estruturando um treinamento sem me preocupar em seguir uma ordem fixa; primeiro em fazer a introdução, depois o módulo 1 e assim por diante.

O uso da metodologia me permitiu acompanhar o ritmo das ideias de tudo que eu já havia lido, pesquisado e vivenciado a respeito do assunto. Ora preenchendo o Canvas de um tema específico, ora do encerramento e então voltava para outro tema até conseguir estruturar todo o treinamento. E, ao final, ao ver na parede todos os Canvas criados ficou muito mais fácil pensar nas transições de um assunto para outro e na melhor sequência e ritmo do treinamento. Quando se trabalha com uma metodologia como esta, o designer ganha um tempo precioso e, neste caso específico, pude compensar o tempo perdido no início do processo e fazer a entrega na data prevista, com qualidade.

No momento em que faço este relato, desenvolvo um programa de liderança para uma multinacional. É um programa longo, de seis módulos, e o uso da metodologia me deu ainda mais velocidade de produção em comparação com o primeiro projeto. Com isso, pude comprovar que a metodologia está para além do Canvas, ela transforma o modo de pensar quando se fala em solução de aprendizagem. Percebi que o meu pensamento agora está em sintonia com a metodologia.

OS BENEFÍCIOS DA METODOLOGIA

Por ser uma metodologia que propicia uma organização do pensamento criativo e possibilita fazer uma prototipagem antes de partir para a elaboração dos documentos, da apresentação e materiais de apoio, os benefícios são inúmeros e muito valiosos.

No meu caso, ganhei velocidade na criação e validação da solução de aprendizagem, pois pude enxergar com maior facilidade as conexões entre os conhecimentos e estabelecer a sequência dos módulos, além de ter me proporcionado uma visão sistêmica de todo o processo, permitindo que eu desenhasse o treinamento, resguardando o equilíbrio entre tempo, conteúdo e atividades propostas.

OS RESULTADOS ALCANÇADOS

Quanto aos resultados colhidos, pude observar que a dinâmica em sala ficou mais coerente, com transições suaves e contextualizadas. Foram treinadas cerca de 40 pessoas, e o resultado geral da avaliação de reação alcançou mais de 90% de satisfação.

DANIELE MONTEIRO
ASSURANT SEGURADORA S/A

"Velocidade do Briefing e Planejamento do Treinamento. O fato de trabalharmos com os post-its faz com que possamos reorganizar nossas ideias, a qualquer momento, de maneira muito prática.

Já estamos com dois treinamentos prontos em 15 dias após a aplicação da metodologia, o que anteriormente nos levaria em torno de 45 dias."

DESAFIOS PROFISSIONAIS PARA O DESIGN INSTRUCIONAL E DESENVOLVIMENTO DE TREINAMENTOS

Trabalho com desenvolvimento de Treinamento há 19 anos e acompanho sempre as novas metodologias, buscando facilitar o meu dia a dia. Ultimamente, com o volume de informações da internet e ideias geradas, fica cada dia mais difícil organizar tudo isso dentro de modelos criados na década de 90, onde as ferramentas são engessadas demais e não correspondem à velocidade da criação exigida.

COMO A METODOLOGIA CONTRIBUIU PARA A SUPERAÇÃO DOS DESAFIOS

Quando conheci o Canvas com a Flora fiquei muito feliz, pois é uma ferramenta que faz com que você consiga organizar muito bem as ideias e dar velocidade na criação dos módulos de treinamento. Além disso, uniformizou os conceitos de criação dentro da minha equipe e, com isso, agilidade na validação dos conceitos antes de partir para o famoso PPT.

BENEFÍCIOS DA METODOLOGIA

- Velocidade na criação e validação
- Uniformidade na linha de raciocínio
- Aplicação de metodologia do que é importante
- Foco no tempo que devemos dedicar para cada uma das questões.
- Resultados alcançados.
- Velocidade do Briefing e Planejamento do Treinamento, o fato de trabalharmos com os post-its faz com que possamos reorganizar nossas ideias, a qualquer momento, de maneira muito prática.
- Já estamos com dois treinamentos prontos em 15 dias após a aplicação da metodologia, o que anteriormente nos levaria em torno de 45 dias.

LETICIA TOJER – FAZESP – ESCOLA FAZENDÁRIA DO ESTADO DE SÃO PAULO

"A necessidade de redefinição do conteúdo programático do nosso Programa de formação também saltou aos olhos quando utilizamos o Canvas. Percebemos que havíamos deixado de fora uma ou outra tarefa que poderia ser, sim, objeto deste treinamento."

Quando tomamos contato com esta nova metodologia no CBTD 2015, já havíamos começado a pensar no Programa de Formação dos Gestores de Capacitação da Secretaria da Fazenda do Estado de São Paulo. Resolvemos testá-la mesmo assim – e o resultado, até agora, foi positivamente surpreendente. A identificação com o público-alvo do curso, a redefinição do conteúdo programático e o engajamento da equipe são alguns benefícios que já pudemos notar – e, no momento em que escrevo, nós estamos apenas no primeiro Canvas!

O público-alvo deste curso é composto por servidores da Secretaria e está distribuído por todo o Estado de São Paulo. Além disso, nossa organização tem uma estrutura bastante complexa, tem atividades muito diferentes entre si e é composta por equipes de variados tamanhos. Como resultado, temos diferentes culturas coexistindo – e representantes de cada uma delas em nossas salas de aula. O exercício proposto pelo Canvas da Empatia nos ajudou muito a tentar considerar todas essas realidades. Afinal, de nada adianta estruturarmos nossas capacitações tomando por modelo apenas áreas que são verdadeiras ilhas de excelência nos assuntos que nos propomos a ensinar.

A necessidade de redefinição do conteúdo programático do nosso Programa de formação também saltou aos olhos quando utilizamos o Canvas. Percebemos que havíamos deixado de fora uma ou outra tarefa que poderia ser, sim, objeto deste treinamento. Porém, acreditamos que a maior contribuição da metodologia será na readequação da carga horária de alguns módulos. Alguns conhecimentos e habilidades que acreditávamos ter valor acessório apareceram (bem) mais de uma vez no Canvas. Após uma análise criteriosa, concluímos que estávamos subestimando a importância de certos assuntos e já sabemos que teremos de abordá-los com mais profundidade.

O Canvas também se mostrou um bom instrumento para engajamento da equipe. Como este Programa que estamos desenhando pode causar impacto em diferentes equipes da Escola Fazendária, decidimos que, além de convidar representantes do público-alvo do curso, convidaríamos os potenciais interessados no sucesso desta iniciativa para contribuir também. Para nossos futuros alunos, por exemplo, enviamos um convite impresso bonito e ao mesmo tempo "misterioso" para "colaborar com um novo projeto da Escola". Colocamos um pequeno bloco de Post-it junto aos convites. Demos mais alguns detalhes sobre o tal "novo projeto da Escola" por e-mail. Tivemos uma alta taxa de comparecimento e todos os que participaram ficaram muito felizes em terem sido convidados.

Achamos muito válido utilizar o Canvas da Empatia para um Programa de Formação como o que estamos pensando. Isso se deve não só às razões mencionadas anteriormente, mas também porque temos bastante claras as tarefas que nossos futuros alunos devem desempenhar e plena consciência de que há um "gap" de performance a ser trabalhado aqui. Uma dica que daríamos àqueles que queiram aplicar o Canvas é que sejam muito claros nas instruções a serem seguidas. Tivemos post-its com ideias "itemizadas" (bullet points), por exemplo. Fizemos uma segunda sessão com o mesmo Canvas, mas com participantes diferentes, e explicamos a atividade com muito mais detalhes. Os resultados coletados foram muito superiores.

LUCIANA LESSA SOARES
VIAÇÃO ÁGUIA BRANCA S/A

"Para nós, mergulhar nas novas técnicas que a SG Aprendizagem Corporativa Desenhada sob Medida traz, tem sido uma inspiração para refletir sobre nossas práticas, sob a perspectiva de agregar valor ao negócio."

A Viação Águia Branca tem como propósito transportar vidas com segurança há 70 anos, e a equipe de RH, por sua vez, tem como desafio trabalhar para que a equipe interna se reinvente e inove. Para isso, iniciamos esta missão por nós mesmos, pensando em soluções de aprendizagem inovadoras e andragógicas que estimulem a construção coletiva, propiciando o engajamento do público interno para que isso se reflita em benefícios também para os nossos clientes.

Para nós, mergulhar nas novas técnicas que a SG Aprendizagem Corporativa Desenhada sob Medida traz tem sido uma inspiração para refletir sobre nossas práticas, sob a perspectiva de agregar valor ao negócio. Estamos conduzindo um projeto que consiste em redesenhar, gradativamente, todas as nossas ações em desenvolvimento humano. O primeiro "produto" desse projeto foi a criação de um jogo de tabuleiro para o Programa de Capacitação de Motoristas, maior programa de treinamento da empresa, que atinge um público de aproximadamente 1.100 profissionais anualmente.

Nesse jogo trabalhamos as dimensões estratégicas da operação rodoviária de forma lúdica e acessível ao público de motoristas. O lançamento do jogo marca a inovação não só nos processos de treinamento, mas no processo de gestão de pessoas em geral, pois, cada vez mais, avançamos na contribuição para geração de resultados efetivos e alcance das metas estratégicas da organização. Com isso, construímos no dia a dia, consolidamos prática a prática, a nossa missão enquanto RH: a tecnologia dos nossos veículos caminha junto à qualificação dos nossos motoristas; investimento em tecnologia aliado ao investimento em capital humano.

MICHELE ARNAUD
GVT

"O exercício de utilização da Metodologia Trahentem® leva à prática e consequentemente a uma maior agilidade na sua aplicação. O maior ganho observado é a gestão do tempo, por ser muito melhor aproveitado, já que a metodologia fornece um direcionamento no pensar e a possibilidade de enxergar a criação em fases, podendo ser reestruturada e reanalisada em sua totalidade ou em partes."

Estar na posição de designer instrucional dentro de uma área de treinamento e desenvolvimento já é por si um grande desafio, principalmente quando falo do setor de telecomunicações, o qual tem movimentos rápidos e uma evolução contínua de seus produtos. Como responsável pela engenharia pedagógica do telemarketing, tenho o compromisso constante de sempre apresentar ao meu cliente interno propostas inovadoras e atraentes, para o meu público do telemarketing, conectado e informado.

A demanda sempre se apresenta de forma não muito clara, o que exige um traquejo maior na investigação – e posterior organização – da necessidade de treinamento após a interpretação do briefing realizado com a área demandante.

Com essas informações em mãos, aí começa o verdadeiro desafio: sistematizar o pensamento, criar a estratégia, fazer com que o modelo seja coerente e atraente para o público-alvo, além de buscar minimizar o fato de que normalmente o tempo não é o ideal por conta de processos que mudam rapidamente e da própria competitividade do mercado, que, por si, também exige muita agilidade.

A contribuição da Metodologia Trahentem® nas minhas atividades foi a organização sistemática da necessidade levantada de treinamento. A utilização da metodologia me permite, a qualquer tempo do processo de criação, voltar a qualquer parte e recriar, acrescentar ou até mesmo subtrair um assunto, um processo ou uma instrução de trabalho, principalmente porque estamos falando de construções que acontecem para células que têm como característica a ocorrência de mudanças o tempo todo, devido a adaptações constantes de novos processos e modelos para maior eficiência e eficácia. É perceptível, na estruturação, o quanto a metodologia nos permite "ganhar" tempo, que consequentemente favorece um melhor planejamento para outros jobs.

O exercício de utilização da Metodologia Trahentem® leva à prática e consequentemente a uma maior agilidade na sua aplicação. O maior ganho observado é a gestão do tempo, por ser muito melhor aproveitado, já que a metodologia fornece um direcionamento no pensar e a possibilidade de enxergar a criação em fases, podendo ser reestruturada e reanalisada em sua totalidade ou em partes. Além disso, a característica visual da metodologia permite apresentar o treinamento ao demandante, mesmo que ainda esteja em fase de construção, contando assim com sua contribuição e garantindo um produto final mais assertivo e congruente com os propósitos e as necessidades do cliente interno.

Por estas razões, dentre outras, vejo a Metodologia Trahentem® como uma grande ferramenta e aliada no dia a dia do Design Instrucional.

RONALDO PONTES MOURA

CANVAS E *COACHING*

Parecia que teríamos um processo de coaching empresarial tradicional, daqueles em que o cliente se queixa de sua equipe, da produtividade, da dificuldade de enfrentar a crise ou até mesmo da necessidade de aprender os passes mágicos da gestão financeira. Mas não, encontramos o cliente no momento em que decidiu iniciar um seminário sobre como gerar riquezas, como superar dificuldades e como tornar-se um empreendedor de sucesso.

Durante o diálogo de preparação, falávamos sobre as qualidades do coaching e do quanto seria interessante experimentá-lo, e o cliente simplesmente saltou dizendo: começaremos quando? E lá fomos nós, contagiados pelo entusiasmo do cliente, iniciar o processo de montagem de um grande seminário.

O cliente tem a visão do que acontece no TED, nos seminários de Anthony Hobbins e nos livros de Harv Ecker, dentre outros, mas também está focado em contar sua própria história, uma biografia de sucessos e fracassos, de perdas e reconstruções. Na mente do cliente, uma intensa complexidade que não poderia ser simplesmente estruturada em um modelo de tópicos sequenciais. Seria necessário trabalhar com ferramentas que traduzissem os seus pensamentos para algo prático.

Ao mesmo tempo em que o cliente curtia sua própria história e amadurecia seu sonho, fomos montando um Canvas mentalmente, trazendo em cada sessão um ou dois aspectos daquele modelo que caberia em uma página. Tudo de forma transparente, o Canvas estava com o coach.

Fomos trazendo à luz seus objetivos, seu público-alvo, seus recursos, a qualidade de suas entregas, as qualidades e habilidades de sua equipe de apoio, as mídias que utilizará, as etapas de apresentação do seminário e os resultados que serão obtidos em cada etapa.

O que o ouvinte levará de prático para sua vida? Qual o efeito que a história pessoal do palestrante trará para a vida prática do participante? Como será mantido o entusiasmo durante dois dias de trabalhos intensos? Quais as técnicas de exercitação que os participantes terão em cada momento?

No meio do caminho, quando o cliente já estava com sua estrutura montada, com uma visualização clara do ambiente, com a definição das sensações que o evento provocaria em seus participantes, fizemos um exercício prático: era a hora de filmar. E o espanto inicial do cliente transformou-se em um desafio agradável. Agora ele filmaria sua história enquanto estivesse sendo contada para seus colaboradores. Uma conversa informal para testar o quanto ele conseguia prender da atenção de seu público, quais as reações que as pessoas tinham ao se deparar com suas frustrações. O quanto cada participante estava torcendo pelo seu sucesso. Tudo isso testaria a estrutura montada.

A prova do sucesso do seminário foi registrada em um formulário de descrição das atividades. O filme foi cortado em blocos de 3 a 5 minutos de duração que foram usados dentro da estrutura ROPES.

Cada fragmento foi submetido ao teste das perguntas:

- O que este pedaço de sua história trará de ganho para o ouvinte?
- O que essa parte de sua vida tem em comum com a vida dos participantes?
- Quais os valores, as ferramentas, técnicas e dinâmicas que podem ser incluídos para fixação das lições desta parte da história?
- Como gerar expectativas de continuidade do participante?

Perguntas como essas conferem consistência ao produto final. O cliente ficou plenamente satisfeito com o resultado, que transformou um sonho de seminário em uma forte preparação para um evento de sucesso. A combinação das ferramentas de coaching com o Canvas e o ROPES foi fundamental para o sucesso deste caso.

THAYS ARAÚJO

"Esse modelo de Canvas direcionado no diagnóstico e levantamento das informações essenciais para a realização satisfatória do treinamento não é fácil de ser montado, exige muito foco, respeito pelas ideias do outro e disponibilização de tempo para construí-lo. Mas garanto que os resultados são extraordinários."

DESAFIOS PROFISSIONAIS PARA O DESIGN INSTRUCIONAL E DESENVOLVIMENTO DE TREINAMENTOS

Tudo começou há cinco anos, quando ingressei na área de Treinamento e Desenvolvimento, e soube desde então que meu lugar era ali. Mas sempre senti que faltava algo em tudo o que fazia. Tinha certeza que o treinamento não se resumia a apenas juntar vários assuntos que achávamos interessantes sem uma orientação lógica e fundamentada. Foi então que comecei a buscar algo que ainda não sabia o que era exatamente para tornar os treinamentos mais eficientes e, principalmente, mais prazerosos para quem participava. E meu primeiro contato com uma nova forma de construir o treinamento se deu em um curso de Formação de Design Instrucional ministrado por Flora. Nossa, foi incrível! Era isso que eu procurava, mas não sabia o que era exatamente. Nesse treinamento, além de ter conhecido de forma estruturada e com muita leveza tudo sobre Design Instrucional, ainda tive oportunidade de aprender sobre uma ferramenta chamada Trahentem. Confesso que ainda não sabia o poder que ela tinha!

Ao retornar para a empresa que trabalho, já tive, de imediato, um treinamento bastante complexo de uma área que alegava que os funcionários do setor em questão não cumpriam os procedimentos corretamente e não atendiam aos prazos estipulados. Foi então que sentamos com o Canvas e começamos a descobrir juntos quais eram as características predominantes dos participantes, os resultados que esperávamos após o treinamento, os conteúdos que eles precisavam aprender, quais as pesquisas necessárias para conhecer ainda mais o participante e suas necessidades; enfim, levantamos todas as informações necessárias para desenvolvermos um desenho instrucional centrado no participante e com foco total na performance das atividades a serem desempenhadas.

Esse modelo de Canvas direcionado no diagnóstico e levantamento das informações essenciais para a realização satisfatória do treinamento não é fácil de ser montado, exige muito foco, respeito pelas ideias do outro e disponibilização de tempo para construí-lo. Mas garanto que os resultados são extraordinários.

COMO A METODOLOGIA CONTRIBUIU PARA A SUPERAÇÃO DOS DESAFIOS

Montar um treinamento sem saber quais as características do público-alvo, o que se espera do participante ao final, o que ele precisa saber para desempenhar suas funções, entre outras informações, nos leva a crer que não haverá garantias de sucesso ao final do treinamento.

Convencer as pessoas envolvidas na construção do treinamento a pensar de forma mais livre e sem sequência lógica foi o principal desafio. Foram semanas de conversas para que cada uma pudesse pensar muito mais no participante do que na ordem das coisas que deveriam ser apresentadas durante o treinamento.

Por muitas vezes construí treinamentos que não tiveram melhora significativa nos indicadores que deveriam ser impactados. E o Canvas também nos ajuda nessa questão. Ele nos mostra se realmente a solução para o problema está na aplicação de um treinamento com uma pergunta extremamente simples: "Quem vai fazer o que, com qual performance e em quanto tempo?".

BENEFÍCIOS DA METODOLOGIA

Com todas as informações em uma única folha de papel, ficou fácil saber qual seria o melhor caminho para construir o desenho instrucional do treinamento. E o Canvas se tornou um retrato com todas as expectativas que tínhamos para o final do treinamento. Além de deixar ainda mais alinhado todos os envolvidos na construção do treinamento, sabendo exatamente aonde queríamos chegar.

RESULTADOS ALCANÇADOS

Nestes cinco anos que estou na área de T&D, essa foi a primeira vez que utilizei o Canvas e depois de todos os resultados obtidos, já determinamos como etapa obrigatória dentro do processo de diagnóstico da solução do problema e da construção do treinamento a ser desenvolvido.

Senti que com a utilização dessa ferramenta fomos ainda mais respeitados enquanto profissionais que de fato contribuem para a solução do problema e melhoria dos resultados, além de termos o envolvimento de todos na construção do treinamento.

Tivemos forte impacto positivo nos indicadores que determinamos no início do treinamento, trazendo significativo retorno financeiro para a empresa. Ficou clara a aceitação unânime de todos os participantes sobre a forma que foi realizado o treinamento, como foi fácil eles aprenderem tudo que estava sendo transmitido e sentiram que o mesmo havia sido desenhado para cada um deles respeitando a sua forma de aprendizado.

GALERIA DOS CAMPEÕES

As grandes mudanças sempre são resultado da coragem daqueles que ousam e fazem a diferença. Recebam meu carinho e admiração pela coragem de experimentar e pela generosidade de compartilhar o seu brilho com quem os rodeia.

Adilson Marcos de Oliveira Júnior
Adriano Jesus
Bruna Pullig
Cynthia Lanza
Daniele Monteiro
Leticia Tojer
Luciana Lessa Soares
Michele Arnaud
Ronaldo Pontes Moura
Thays Araújo

> "Um pouco de perfume sempre fica nas mãos de quem oferece flores."
>
> (Provérbio Chinês)

TERMINAMOS. E AGORA?

Chegar ao final de um livro é sempre uma incógnita. O que faremos com os novos conhecimentos adquiridos? Sentiremos vontade de transferir para a prática o que aprendemos? Espero humildemente que você não se contenha e passe para a fase de experimentação.

Os relatos de algumas das pessoas que já estão utilizando esta metodologia e se dispuseram a compartilhar seus êxitos e resultados são uma verdadeira inspiração. Entretanto, a prática está em suas mãos. Eu acredito em você e no seu poder transformador. Vá em frente!

Retome a reflexão que fizemos no início deste livro e reescreva seus novos pontos de vista para velhos conceitos.

QUAIS SÃO AS **NOVAS** COISAS QUE VÊM À SUA CABEÇA QUANDO PENSA EM DESIGN?

_____
_____
_____
_____

O QUE VOCÊ FARÁ PARA QUE SUA PRÓXIMA SOLUÇÃO DE APRENDIZAGEM SEJA PERFEITA?

_____
_____
_____
_____

FAÇA UM ESQUEMA QUE REPRESENTE COMO VAI CONSTRUIR SUA PRÓXIMA SOLUÇÃO DE APRENDIZAGEM. RABISQUE COMO QUISER. O QUE IMPORTA É VOCÊ ENTENDER!

_____
_____
_____
_____

POR QUE SUA PRÓXIMA SOLUÇÃO DE APRENDIZAGEM VAI DAR CERTO?

_____
_____
_____
_____

QUE ELEMENTO (OU ELEMENTOS) VOCÊ VAI ACRESCENTAR EM SUA PRÓXIMA SOLUÇÃO DE APRENDIZAGEM?

REDEFINA DESIGN ~~INSTRUCIONAL~~ DE APRENDIZAGEM

O QUE VOCÊ QUER VAI FAZER DIFERENTE AGORA QUE LEU ESTE LIVRO?

AGORA REALMENTE É COM VOCÊ.
SUCESSO!

BIBLIOGRAFIA

A Taxonomy for Learning, Teaghing and Assessing – A revision of Bloom's Taxonomy of Educational Objectives. – Editors: Lorin W. Anderson and David R. Krathwohl.

Aprendendo a Aprender – Barbara Oakley, Ph.D. - Editora Atena.

Aprendizagem: Comportamento, Linguagem e Cognição – A. Charles Catania – Artmed.

Business Model Generation – Alexander Osterwalder & Yves Pigneur – Wiley.

Ciência e Comportamento Humano – B. F. Skinner – LMFE.

Como implementar os quatro níveis de avaliação de Treinamento de Equipes – Donald L. Kirkpatrick e James D. Kirkpatrick – Editora Senac Rio.

Design Thinking Brasil – Empatia, colaboração e experimentação para pessoas, negócios e sociedade – Tennyson Pinheiro e Luis Alt em parceria com Felipe Pontes – Elsevier Editora.

Dez Tipos de Inovação – A disciplina de criação de avanços e ruptura – Larry Keeley, Ryan Pikkel, Brian Quinn, Helen Walters – DVS Editora.

Gamification, Como criar experiências de aprendizagem engajadoras. Um guia completo: do conceito à prática – Flora Alves – DVS Editora.

Innovative Performance Support – Conrad Gottfredson, Ph.D., and Bob Mosher – Editora Mc Graw hill.

Instructional Technology: Foundations – Edited by Robert M. Gagné.

Principles of Instructional Design – John M. Keller and Robert M. Gagne.

Value Proposition Design. Como construir propostas de valor inovadoras – Alex Osterwalder, Yves Pigneur, Greg Bernarda e Alan Smith – HSM.

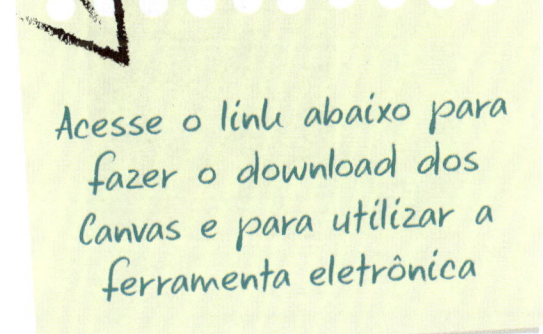

Acesse o link abaixo para fazer o download dos Canvas e para utilizar a ferramenta eletrônica

www.canvastrahentem.com

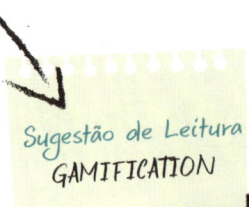

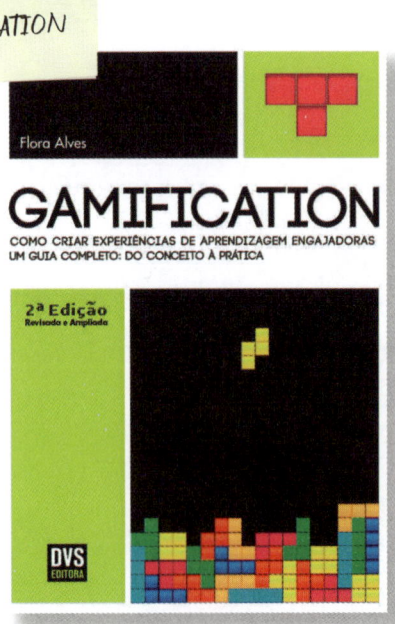

Sugestão de Leitura
GAMIFICATION

GAMIFICATION
COMO CRIAR EXPERIÊNCIAS DE APRENDIZAGEM ENGAJADORAS
UM GUIA COMPLETO: DO CONCEITO À PRÁTICA

Flora Alves

2ª Edição
Revisada e Ampliada

DVS EDITORA

www.dvseditora.com.br

Impressão e Acabamento | Gráfica Viena
Todo papel desta obra possui certificação FSC® do fabricante.
Produzido conforme melhores práticas de gestão ambiental (ISO 14001)
www.graficaviena.com.br